Deutschlandstudien
Peking Universität

# 北大德国研究

## （第四卷）

主　　　编　黄燎宇
本卷执行主编　谷　裕

图书在版编目(CIP)数据

北大德国研究. 第 4 卷/黄燎宇主编. —北京:北京大学出版社,2014.9
ISBN 978-7-301-24819-5

Ⅰ. ①北… Ⅱ. ①黄… Ⅲ. ①德国—研究 Ⅳ. ①K516.07

中国版本图书馆 CIP 数据核字(2014)第 216908 号

| 书　　　　名：北大德国研究(第四卷)
| 著 作 责 任 者：黄燎宇　主编　谷　裕　本卷执行主编
| 责 任 编 辑：初艳红
| 标 准 书 号：ISBN 978-7-301-24819-5/Z·0120
| 出 版 发 行：北京大学出版社
| 地　　　　址：北京市海淀区成府路 205 号　100871
| 网　　　　址：http://www.pup.cn　新浪官方微博:@北京大学出版社
| 电 子 信 箱：alice1979pku@163.com
| 电　　　　话：邮购部 62752015　发行部 62750672　编辑部 62759634
|　　　　　　　出版部 62754962
| 印　　刷　者：三河市博文印刷有限公司
| 经　　销　者：新华书店
|　　　　　　　965 毫米×1300 毫米　16 开本　11.5 印张　180 千字
|　　　　　　　2014 年 9 月第 1 版　2014 年 9 月第 1 次印刷
| 定　　　　价：36.00 元

未经许可,不得以任何方式复制或抄袭本书之部分或全部内容。
版权所有,侵权必究
举报电话:010-62752024　电子信箱:fd@pup.pku.edu.cn

# 编委会

**主编**：黄燎宇

**本卷执行主编**：谷　裕

**编委**（按拼音顺序）：

  甘超英　韩水法　黄燎宇　李　维　连玉如

  王　建　王世洲　许德峰　徐　健　徐龙飞

# 编 者 序

《北大德国研究》(第四卷)主要以"德国浪漫主义"为题。

德国在1800年前后,有一种"浪漫的交友"现象,学人之间自由交友、结社,共同创作和研究。那是一群为了某种理想主义的目标,走到一起的理想主义者。在这个意义上,北大德国研究中心亦可谓"浪漫交友"的团体。

1999年,来自北大各人文学科的多位同仁走到一起,连接纽带是对德国问题的共同兴趣。由这个"兴趣小组"发展出"北京大学德国研究中心",2002年正式挂牌成立。《北大德国研究》就算是中心的"核心刊物"。

15年以来,这个团体一直非常活跃:举办全校性学术讲座、教师的学术沙龙,与德国学者共同举办工作坊,邀请国内外学者讲学,出版图书刊物,组织交换学生。中心成员发展到二十余人,涵盖校内几乎所有文科院系,另有来自全国十余所兄弟院校的同行加盟。

中心虽然是官方组织,但一切学术活动建立在"友谊"的基础上。因为友谊,大家自然经常聚会,就共同关心的问题,进行真正的多学科交流。本卷《北大德国研究》正是这种实质性交流的结果。

浪漫思想、浪漫情怀是1800年前后德国奉献给欧洲、奉献给世界的礼物。对于本卷议题,韩水法以下将做题解,在此不另赘言,只想就编辑之事略表二三:本卷作者一半以上是中心老少成员,另一半是中心的朋友、兄弟院校的志同道合者,还有学术新锐,亦即中心培养的青年学生。本卷作者奉献的皆是自己多年的研究心得,或在研成果,可谓巨制鸿篇的浓缩版、精华篇。我们为每篇文章附了作者简介,其中包括与所录文章相关的代表作。

对于德国浪漫思潮,本卷所涉及学科和领域林林总总:李伯杰从文化史的角度,对施莱格尔的"懒惰礼赞"进行了解读,绵里藏针,暴露出我们的"忙"是多么不浪漫;吴建广、刘英杰的文章特别突出了歌德作品的"自然";先刚也谈施莱格尔,不过他聚焦的是这位浪漫奇才对柏拉图的浪漫诠释;卫茂平的文章指出,浪漫不仅是一个充满反讽和游戏的"德国事件",而且更是一个影响深远的政治事件;李维的文章从纳粹时期的"泛欧"思想,反观浪漫时期该思想的滥觞;刘锋的文章从浪漫派与政治和审美的关系出发,对施米特的《政治的浪漫派》进行了评述;对于浪漫的理解,值得圈点的还有王一力对《自然科学的夜的一面》(1808)一书的评介,这部在当时影响广泛的著作,仍是今天研究"黑色浪漫"的经典之作。

本卷所辑其他诸文,如赵进中、连玉如、姜丽、邓深、胡蔚之文,杨慧之译文,虽不直接谈浪漫,但无一不与浪漫相关,它们或关涉浪漫思想产生的语境,或展示它在20世纪乃至当代政治中隐微的表现。学术对话亦为本卷亮点,无论是德国社会学家施鲁赫特谈中国的现代性,还是日本友人川喜田敦子谈日本如何从英法转向德国,都为我们思考祖国当下的问题带来启示。

本卷所辑文章之多样,直观地暴露出浪漫议题的复杂,更有力地展示了人文科学内部的关联。以上对本卷内容只略作提示,欲解文中滋味,还需读者细细品读。对于今天的图书市场,这样一本文集,无论作者、编者和编辑怎样呕心沥血,它都仿佛一只漂流瓶,带着浪漫的乡愁和渴望,等待被发现……我们在此恳请偶然拾到它的各位方家,多提宝贵意见,不吝赐教!

编 者

# 目　录

北大德国研究中心 2011 年"浪漫主义"工作坊题解 ····················· 韩水法　1

## 思想史研究

弗·施莱格尔的"懒惰礼赞" ············································ 李伯杰　3
诗与思：在自然中的存在
　　——伽达默尔诠释学融合视域中的歌德 ················· 吴建广　刘英杰　12
施莱格尔的浪漫式柏拉图诠释及其相关问题 ························· 先　刚　23
康德历史哲学与道德理性的现代性问题
　　——以德国理论为视角的探讨 ································· 赵进中　38
库登霍夫-卡莱基家世、成长地考
　　——兼论德意志浪漫主义文化对"泛欧"联合思想的影响 ······ 李　维　49
对中欧关系发展的一些思考 ············································ 连玉如　57

## 学　术　对　话

中国语境中的现代性与合理性
　　·················· ［德］施鲁赫特（Wolfgang Schluchter）　韩水法　65
民权——公民与人民的权利：日本的现代化与对西方文献的
　　翻译 ································ ［日］川喜田敦子（Atsuko Kawakita）　78

## 新秀园地

止步桥头
　　——诗人高特弗里德·本恩的迷途与悔悟 …………… 姜　丽　97

多元视角与异国元素
　　——试析维兰德小说《金镜》的中国话语 …………… 邓　深　109

## 书　评

作为"德国事件"的浪漫主义
　　——《浪漫主义——一个德国事件》译后散论 ………… 卫茂平　127

浪漫派与审美主义
　　——施米特的《政治的浪漫派》 …………………… 刘　锋　136

文化研究的现在与未来
　　《文化研究的未来：21 世纪的理论、文化和社会》序
　　　…………………………… ［德］赖纳·温特（Rainer Winter）148

一位启蒙主义者的德意志文学史观
　　——读海因茨·史腊斐《德意志文学简史》 …………… 胡　蔚　155

突破启蒙的界限
　　——G.H.舒巴特的《自然科学的夜的一面》(1808) ……… 王一力　163

# 北大德国研究中心2011年"浪漫主义"工作坊题解

韩水法

当代中国的德国研究从时代上来看可以简单地划分为两个方面：一个就是现代，亦即二战之后德国的研究，另一个就是二战之前的德国研究。一般而言，二战之前的德意志哲学和思想、文学和艺术、社会和历史等方面，一直是汉语学界德国研究的重点，也是理解和比较现代德国社会的基本背景。譬如，汉语学界一位德国哲学研究者不了解哈贝马斯的理论并不令人奇怪，倘若不了解康德、黑格尔或胡塞尔他们之中的任何一位的思想，那么他的素养和学术能力就会受到质疑。20世纪30年代之前德意志社会精神领域的丰饶和多样，迄今依然对汉语学者具有巨大的吸引力，也仿佛是取之不尽的学术宝库。今天正常化（庸常化）的德国与战前多样化的德意志，尤其是精神现象的多样性，形成了巨大的反差。

在前一个时期，尤其从18世纪至20世纪30年代，在构成整个德意志社会、思想和艺术的流域中，浪漫主义是一条奔腾不息而水势恢宏的大河，并且通过各种支流和湖泊而与其他的大河交汇和通连。

它是德意志社会发展史的重要部分，关于德国的任何研究，只要稍一深入就无可避免地要触及、渗透到各个层面的这种浪漫主义因素。倘若研究所指是德意志兴起时代和鼎盛时期的对象，那么学者就需要直接面对德意志浪漫主义。更何况对许多汉语学者来说，正是这一充满激情、昂扬直到疯狂，充满对人类各种情感、欲望和理想的无止境的追求的思潮和社会行动，在理性主义的、统一的、规范的和信仰的另一面,更能触发研究的兴趣和热情。他们要在这个本来就难以清楚表达却又确确实实地撩动人的巨流中寻找某种切合自己的东西,或者是狂放的体验,或者是被激发的灵感,或者是导向某种神秘的境域的暗示,或者是简单地通过对这种令人眼花缭乱的自在发挥来表现自己的独特性。无论是要在异域发思古之幽情,还是要以德意志之酒来浇中国的块垒;无论是仅仅出于对知识的理智要求,以求解现代德意志至德国的发展和变迁的来龙去脉,找到它如此演变的历史因果关系,从而在其中寻觅一般性的规律,还是力图从中发掘德意志至德国的发展的独特性,从而作为自身独特性的旁证,德意志浪漫主义都仿佛是令汉语德国研究者钟情甚至神魂颠倒的风情万种而且始终不老的女人。

北京大学德国研究中心以浪漫主义为2011年工作坊的主题,理由就如德国浪漫主义现象一样是多元的,甚至是彼此矛盾的。这既出于我们的学术兴趣,单纯的学术兴趣,甚至就是审美兴趣——对如此色彩迷离、变幻不定的精神现象的惊奇;也出于我们理智的兴趣:具有如此丰富和深刻的精神创造力的民族为何会走上毁灭之路。那个时代的德意志精神的产物至今还以其深刻和博大在影响现代世界,包括中国,无论是积极的还是消极的,甚至后者有其更为绵长的持久性;而德意志最终以一个庸常的德国收场,一种以世界主义、以人类典型自居的族类,最后将创造力,无论是正义的还是邪恶的,传播到世界的其他地方,而自己最后却落得难以坦诚地、以理智的诚实和彻底的精神来面对自己的全部过去。

我们还可以从更为学术化的角度来叙述这个工作坊主题的理由。从社会秩序的稳定和社会制度的公正来说,今天的德国更为人称道,更值得推崇。浪漫主义运动及造就这个现象的人们所注重的乃是行动、活动和过程本身,愿望、欲望的实现和情绪的宣泄,并不在于稳定的社会秩序、原则和规范。

从德国所特产的浪漫主义这个视角来研究德国社会的变迁,对我们理解现代德国的变迁具有深刻的启发意义。这不仅在哲学、人文学科和社会科学上是如此,在自然科学上也是如此,在艺术和其他创造性的领域方面同样如此。而且从这一视角来研究当代德国人的心态,德国知识界对中国的态度和关系,同样也具有别开生面的意义。

比如,德国历史主义学派,尤其是经济学的历史学派就强调德国道路的特殊性。历史主义是以启蒙精神的反对者的角色出现的,它坚持时代、民族和国家都有自己的特殊性,特殊的历史和价值,特殊的精神和发展过程,没有普遍的历史,也没有普遍的规律。这就与浪漫主义的核心观点相当接近乃至一致了。或者从另一个角度来说,历史主义其实也构成了浪漫主义之河中的一个潮流。[①] 李斯特在其《政治经济学的国民体系》中有专门一章讨论民族精神与国家经济,强调每个国家的历史、文化、法律、语言和制度的不同,因此就有不同的发展道路和策略。历史主义学派反对世界主义和个人,强调国家或国民是一个有机体,以及相应的国家发展的国民特性和历史独特性。

尽管伯林认为康德已经开了浪漫主义的先河,但是德国哲学中的浪漫主义应当首先是从费希特开端的,经过谢林,在黑格尔那里达到了第一个高潮,然后就是不断的潮起潮落,从叔本华、尼采一直到海德格尔。[②]

在那个时代,德意志文学则更是浪漫主义波涛汹涌的海洋,或者准确地说,德意志文学就遨游在浪漫主义的海洋之中。

自然,当一些中国学者提出德意志浪漫主义的主题时,无论他们是否宣明,其中始终隐含着中国视角和中国背景。今天的中国正在继续百年以来的巨大变化,一部分人认为这是中国正在走向世界,趋向于人类共同的行为规范;另一些人认为,中国正在走自己的道路,创造了中国模式,从而造就了中国特色。虽然今天中国人的精神创造力不及浪漫主义时代及其前后的德国人,但是行动的创造力却越来越高涨,无论评价如何,中国社会的多元性在突破社会的樊篱的过程中持续地展开,在内在拓展的同时也以不同的方式和途径冲向世界的不同地区。倘若说,当年德意志浪漫主义主要在精神上来反抗启蒙运动的普遍理性和规律,创造或展现出光怪陆离、五彩缤纷、充满彼此矛盾和冲突、细节与壮观并存、意象和感觉不断流动的精神世界——这是一个混沌的世界,但却是确确实实的观念存在[③];那么今天中国特色的践行者则主要通过自己的行动来展现一个同样性

---

[①] 伯林认为,德国的历史主义和浪漫主义在源头上是相同的。参见以塞亚·伯林:《浪漫主义的根源》,南京:译林出版社,2011年,第66页。

[②] "存在主义的关键教义是浪漫主义的,就是说,世上没有任何东西能够依靠。"(伯林:《浪漫主义的根源》,第141页。)

[③] 参见伯林:《浪漫主义的根源》第一章"寻找一个定义"。

质的混沌世界。人们并不在意是否有什么理论能够支持他们的行动，因为他们完全能够在观念与行动的巨大对立之中奋勇前行，理论还沉溺于欧洲19世纪资本主义时代社会浪漫派追忆封建时代而构想出来的图景之中，行动的脚步却走向21世纪谁也不甚清楚的未来。浪漫主义在今天的中国，是行为主义的，而不是观念主义的。

浪漫主义对德国是过去的记忆、曾经的激情，而在中国是每一个现实的人的活动。这种个人的活动或者是内在一致的，但与其他人和整个社会处于持续的冲突，为了求得和谐，他就分裂为二，有如黑格尔的绝对精神；或者他原本就是毫无头绪，但因时时处处切合现实，于是，就在现实的社会生活中达到了一致。无论神马，无非浮云。

因此，浪漫主义的主题不论对北大德国研究中心还是对其德国同行来说，都是一个极富意义的主题，它可供思想和想象力、学识和见解充分发挥，但在情感上却并不令人愉悦，因此就流俗所理解的康德美学的表层意义上，它是不美的，而在其深层意义上，却正是美的实现。① 当然，这原本就是一项困难的学术工作，但这正是我们所应当做的。

浪漫主义，无论是德意志人的精神，还是中国人的行动，都是一个混沌，但作为一个学术机构和一项学术活动，我们还得为它设定一些纲要，这是为了方便我们的讨论，而不是对浪漫主义的规定。

本次工作坊的主题范围：浪漫主义的精神及其表现，浪漫主义的行动及其表现；反思的或二阶的浪漫主义：中国浪漫主义与德国浪漫主义。

这个主题可以覆载如下内容：

——浪漫主义的界定，包括浪漫派与浪漫主义说法之争；

——浪漫主义的精神表现：文学和艺术的、政治的、历史的、经济的以及哲学的等等；

——浪漫主义的行动表现：多元的存在和活动，与普遍性的抗争，对所有规范的颠覆，以及这些行动的可能结局；

---

① 参见韩水法：《〈判断力批判〉与现代美学十二问》，载《江苏社会科学》2004年第6期。

——浪漫主义时代与时代的多维性；

——历史主义与德国特殊性；

——德国的浪漫派：艺术与政治；

——中国特色与浪漫主义心态和行动；

——其他相关的问题。

如果有人在这里忽然想到了后现代主义，那么你们就会看到，后现代主义者一旦脱下他们后现代主义的外衣，他们浪漫主义的内衣就会随风飘起。

2011 年 2 月 4 日草于北京魏公村听风阁

# 思想史研究

# 弗·施莱格尔的"懒惰礼赞"

## 李伯杰

**内容提要**:"勤奋"与"懒惰"的对立关涉德国文化史上的一个重要问题,即市民文化与浪漫派精神之间的冲突。"勤奋"本属于德国市民阶级的经济美德范畴,其目的是维护经济正常、有效地进行。它在德国特殊的历史进程中逐渐上升到美德的高度,并参与了市民自我意识的建构。"勤奋"的核心是工具理性,本质是功利性,极可能导致人唯利是图,没有时间思考人生,造成整个社会价值的失落。因此,弗·施莱格尔等浪漫派作家、理论家针锋相对地礼赞"懒惰",反思工具理性带来的恶果,寻求价值失落的解决之道。

**关键词**:弗·施莱格尔 市民文化 经济美德 工具理性

弗·施莱格尔(Friedrich Schlegel),德国早期浪漫派的精神领袖和纲领制定者,终其一生不断地招引物议。他最为人诟病和抨击的题目之一,就是他的小说《路琴德》(*Lucinde*);施莱格尔在《路琴德》里专门写下了一篇题为《礼赞懒惰的田园诗》(Idylle über den Müssiggang),更是激起了"正人君子"们的愤怒,引起了公愤。在这首"懒惰礼赞"中,施莱格尔以他一贯的挑衅姿态唱到:

> 哦,懒散啊,懒散!你是纯真赖以生存的生命之气,你是热忱赖以存在的生命之源;你这个神圣的珍宝,得享幸福的人呼吸着你,谁拥有你、崇敬你,谁就得享幸福!你虽然只是一小块断片,但是你却被赋予了像神一样的

特性，只是在天国里，我们还可以看到这种特性。①

《路琴德》中这一段"懒散礼赞"，更是正派人士的眼中钉、肉中刺，长期以来一向被主流社会视为邪恶。礼赞懒惰、摒弃勤奋，的确是有违于人类社会主流的普遍价值标准，被批判、受谴责也是完全可以理解的。但是难以理解的则是，像弗·施莱格尔这样一个知识界的精英，何以甘愿冒天下之大不韪，公然不惜挑衅人类的道德底线，去赞美懒惰、批判勤奋？以施莱格尔这样的智者做出这样有违人类常识的举动，必然有其原因。究其原因，就涉及一系列德国文化史上的重要问题，如对于启蒙运动与理性、市民文化与浪漫派精神之冲突等。为了弄清楚这个问题，首先必须对德国人所理解的"勤奋"这个概念做一个历时性的考察，考察它是如何产生的？它又包含了什么样的内涵，以致引得施莱格尔对它痛下杀手？这就要从"德意志美德"及其核心组成部分"勤奋"说起。

德意志民族自认为，也被公认为是一个勤奋的民族；德国文化中，勤奋是一个地位极高的美德，被视为"德意志美德"的核心组成部分。但是事实上，德意志人并非一向如此，他们也曾经像许多其他民族一样耽于享受。德意志人的民族性格也是在历史中不断地经历各种事件的锤炼，被历史这位最强大的设计师塑造而形成的。据德国史学家保尔·闵希（Paul Münch）的研究，16世纪时，德意志人的品性与现在多有不同，在某些方面甚至是大相径庭，不仅远远谈不上是一个严肃的民族，而且德国人现在具有的所谓"德意志美德"中的许多价值在当时还杳无踪影：

> 当时的一些木刻艺术作品以简短的方式对各民族的道德做了一个对比。从中可以看出，1600年前后，德国人生活的格调还很粗放，喜欢酗酒并喝得酩酊大醉，生性欢天喜地，无论在什么事情上都缺乏节制。二百年后，如上面提及的康德的话所说的那样，情况发生了根本的转变。人们把热爱秩序、爱干净、勤奋以及节俭视为德国人的特点；从此，这些特点也在他们做

---

① Friedrich Schlegel: *Lucinde*, *Studienausgabe*. Stuttgar: Reclam, 1999, S. 37.

自我评价和外人对他们评价的时候刻画着他们。①

闵希还指出,16、17、18 三个世纪,是德国市民道德发展的关键时期:"在一个为期大约三百年的过程中,这个复杂的、自身内部完整的、在其各部分中高度一致的行为体系形成了,而这是由各种社会机构和媒体以在许多迥然有异的社会化的层面上的传播训练出来的,而且一眼看上去都无法把这些内容尽收眼底。"②自 16 世纪以来,德意志地区各界、各机构展开的大规模的经济美德宣传运动,极大地影响和塑造了德意志人的性格,也把德意志人打造成了一个以勤奋为荣的民族。

从历时性的角度来看,勤奋的美德却不外乎属于德国历史上市民等级即后来的市民阶级的美德,与工作和劳动、持家和过日子有关,直接服务于经济生活和日常家居生活。所以从德国市民道德的流变来看,勤奋、节俭、守时等"最德国"的美德,本来都属于所谓"经济美德"(wirtschaftliche/ökonomische Tugenden)。换言之,这些美德本来都是经济生活中必不可少的规则,以及由此导出的价值观。借助这些规则,经济生活才得以正常、有效地进行,经济才能良性发展。而在德国特殊的历史进程中,德国市民把经济美德提升到了一个新的高度,赋予这些经济生活中功利性的行为规范和意识以极高的地位,使这些本来只是经世致用的一些方法和规则提升到了意识形态的高度,变成市民阶级在社会中的立身之本。这些"雕虫小技"的特点非常明显,就是一切以实用为根本,使人力物力的收益最大化、成本最小化。其中的理论核心则是理性,或曰合目的性。所以这样的观念只有在启蒙运动时期及以后才能产生最大的号召力。

对于现代德国文化和社会,最重要的道德标准和行为规范,是所谓"市民道德"(bürgerliche Tugenden)。本来在中世纪时期的德国,劳动并未上升到美德的高度,贵族等级作为统治者,其任务是治理其领地,是管理和统治。教士阶层作为灵魂的工程师,其任务是对人的灵魂安宁负责;具体地说,就是祷告、做弥撒等宗教活动。只有市民、农民等第三等级是需要劳作的,其任务是创造物质财富,

---

① Paul Münch: *Ordnung Fleiss und Sparsamkeit. Texte und Dokumente zur Entstehung der "bürgerlichen Tugenden"*. München: Deutscher Taschenbuch Verlag, 1984, S. 14.
② Ebd., S. 29.

供养社会一、二等级。德国历史上谁是市民？这个问题不易回答,因为市民的概念太宽泛,包括在其中的等级、阶层太多。德国社会史学家于尔根·科卡(Jürgen Kocka)给出的方法也许是最简单而最全面的,他用排除法来界定谁是市民:在各个社会等级中,凡是不属于贵族、天主教教士、农民以及城乡的底层民众、工人的,都属于市民;肯定属于市民的社会阶层包括商人、工厂主、银行家、资本家、企业家与经理;此外也包括受过高等教育的人,如医生、律师、中学教师、大学教授、法官、高级官员、自然科学工作者、工程师、大企业决策人员、专家以及其他自由职业者。①

科卡的定义包括了众多的社会阶层和等级,但是无论涉及哪一个等级或阶层,这些被指称的人群都有一个共同特点,就是都要靠劳动吃饭,靠工作生存,都要工作。所以说,如果把市民视为一个社会阶层,那么可以说,市民阶层本是一个靠劳动为生的社会阶层,工作对于市民而言,是天经地义的事情。市民道德的内容,也全部都直接来自工作的需要,勤奋本来是为了谋生而不得已的行为准则。贵族等级是有权、有钱、有闲的等级,他们能够并且无须劳动流汗就可以生存,并且还可能生活得很好;而市民等级则不然。在市民阶层生存和发展的过程中,这些出自生活实践的准则上升到意识,被建构成一种特殊的道德体系,是为"市民道德"。

此外,德国历史上,市民与贵族长期处在尖锐的矛盾冲突中。市民阶层与贵族之间的矛盾加剧,特别表现在市民阶层中处于中等地位的市民知识分子当中。政治上、社会上,德国市民长期受到贵族的压制与压迫,其发展的速度远低于荷兰、法国、瑞士的市民。但是历史毕竟在发展,德国市民阶层同样也在困境中艰难地发展,其经济力量在不断地壮大,其自我意识也在相应地不断增强。在这种历史语境中,他们当然更加强烈地要求社会承认他们的价值,所以就更加强烈地要把自己的优点展示出来。那么他们有什么美德值得他们为之骄傲？他们的自我意识赖以建立的基础又是什么？

市民阶级的生存处境离不开劳动和工作,他们的自我意识可以依托的基础

---

① 于尔根·科卡:《社会史·理论与实践》,景德祥译,上海:上海人民出版社,2006年,第109页。

也是劳动和工作。而其他社会阶层与此则大不相同,例如贵族和教士。贵族的价值在于其出身和血统,不论有无才能,不论是否有所作为,只要有幸生在帝王家,有高贵的出身和血统,就有了资本和地位。这样一种价值观是建立在出身之上的,即诺伯特·埃利亚斯所说的"存在价值"(Seinswert)①。而在以血统定地位、以出身论英雄的等级秩序中,市民们出身卑微,其唯一拥有的只是他们的能力和意志。劳动的结果是创造价值、取得业绩,表现为获得各种经济利益。所以市民们尊崇的人生观是,能干活的人理当受到尊敬,能够通过劳动创造价值的人才是英雄。这样一种生存状态导致他们的意识不是以出身论英雄,而是英雄不问出处,只看本人是否有能力和意志。这种观念在市民阶级的自我意识发展过程中意义非凡,创造了一种新的价值观,即人的"业绩价值"(Leistungswert)②。市民没有出身一类先天的优势可以荣耀自己,只有依靠劳作来养活自己、激励自己。市民当自强,正如出身市民阶层的诗人席勒在诗中唱到的那样:

> 德国人可以这样自豪,
>
> 他的心可以这样狂跳:
>
> 他做出成绩,全靠本身。③

但是如果仅仅是出于与贵族的社会矛盾,也许德国市民的影响不会像后来那样大。他们所强调的这些特点,即他们所具有的这些工作和家居的"美德",却又恰恰适应了经济发展的时代要求,尤其是在近代工业化前后的时代里,这些价值观极有助于经济的发展,正如韦伯所说的新教伦理与资本主义精神之间的关系,前者对于后者的发展所起的促进作用。正是因为这样,因为市民的业绩伦理适应了资本主义的发展,顺应了历史的发展,在后来的时代里,市民美德才取得了大发展,其影响才远远超出市民的圈子,渗透进了社会的其他阶层。当然,在发展过程中,并非所有的"经济美德"都进入近现代德国市民道德体系,德国

---

① 诺伯特·艾利亚斯:《文明的进程·文明的社会起源和心理起源的研究》第一卷,王佩莉译,北京:生活·读书·新知三联书店,1998年,第82页。
② 同上。
③ 弗里德里希·席勒:《席勒文集》(第一卷),张玉书选编,钱春绮译,北京:人民文学出版社,2005年,第143页。

现代的市民美德在形成体系的过程中,只是选取了适应社会和经济发展的、有利于巩固市民地位的部分,所以许多经济美德逐渐淡出人们的视野,被其他市民美德取而代之。而这些本来只是治家和谋生的美德的地位逐渐上升,跨出家门,显示、扩展到经济领域,然后向整个社会扩展,最终跻身于大世界,成为"德意志美德"。

起初,市民道德并不是一种值得羡慕的价值体系,因为它的载体都是社会的中下层人民,在社会上的地位较低或很低。随着德国市民的发展和壮大,市民文化在德国社会中的地位日益提高,特别是德国市民的自我意识日益增强,意识到自己也是同贵族一样的人,也要求别人承认自己是平等的人。启蒙运动初期,作家莱辛创作了德国第一部"市民悲剧"《爱米莉亚·迦罗蒂》,赋予市民以高尚的情操,使市民摆脱了过去那种插科打诨的小丑形象,把市民塑造成为心灵高贵的人;贵族是血统的贵族,而市民则是心灵的贵族。席勒的《阴谋与爱情》及其他市民悲剧中,同样可以看到道德高尚、人格高贵的市民形象。

在这个建构自我意识的过程中,德国市民知识分子大力弘扬市民的优点,把市民自身所具有的特点拔高,使之上升到美德的高度,以激励自己、彰显自己。但是在这个过程中,市民所具有的特点却遭遇一个尴尬,即这些特点都只是一些居家过日子的、日常工作中的小事,如守时、爱干净、做事情有条理等等。与骑士、贵族或教会所提倡和歌颂的美德相比,例如正直、勇敢、大气、怜悯、信仰等,这些家居生活中的优点当然显得琐碎、小气、不值一提。但是为了提升和巩固自己的地位,必须加强自我意识,所以德国市民再一次显示出了德国人在长期的历史逆境中练就的本领,即变坏事为好事、变逆境为顺境,或者说"从困境中打造出美德"(Aus der Not eine Tugend machen)。

这样的美德体系,其核心是理性;准确地说,是合目的性。这种理性所涉及的,并非审慎、公正、坚毅、节制,或是信、爱、望等基本价值,或曰终极价值。其所涉及的,是经世致用的"经济美德",其核心则是以利润最大化为目的的工具理性。这种工具理性的本质是功利性,然而正是这一点,为浪漫派一脉的理想主义者所不容。勤奋则是这种工具理性的诸多表现形式之一;既然如此,勤奋,这个为德国市民所尊崇的价值,自然也受到了浪漫派的谴责。

勤奋之所以被浪漫派批判，可以从不同的侧面来剖析。那么勤奋除了给人们带来物质的收益之外，还会产生什么后果呢？一个勤奋的人，除了依靠勤奋获得物质受益之外，有哪些缺失呢？全面地看，一个勤奋的人，如果把精力和意识放在工作上，本来无可厚非。这样的意识极有可能把人带向唯利是图的境地，使人目中只有功利而无其他，陷入功利的泥潭。而在一个勤奋的人身上，这样的情形极有可能产生。因为勤奋工作的人是没有闲暇的；而没有闲暇的人也就没有时间来进行思考，来反思什么是生活、人该怎样生活、生活的意义何在，"忙"与"闲"的相互关系极有可能被颠覆。

在浪漫派作家、理论家看来，时间进入现代后，社会出了问题，而且是大问题。而且以启蒙运动为代表的理性主义越是蓬勃发展，社会病得就越重。不仅是施莱格尔，相当一批具有人文关怀的有识之士都忧心忡忡，不知道这个世界将向何处去。社会得病的表征之一，就是这个社会多了点什么，又缺了点什么。

德国早期浪漫派作家诺瓦利斯写过一部小说《海因里希·封·奥夫特丁根》。海因里希是作品中的主人公，他不愿意像父辈那样终其一生忙忙碌碌，只是为了果腹与发家努力工作，而是幻想着游历世界，寻找梦中的蓝花。这部小说一开篇是一个清晨，他还在酣睡，而他的父亲则早已忙于工作，所以他受到了他父亲的斥责，谴责他贪睡，说别人早已在工作，而他还在浓睡不醒、睡得太长："你这个贪睡的家伙！"（Du Langschläfer!）①这个比较也被视为启蒙思想与浪漫派意识的对立与冲突。

在《海因利希·封·奥夫特丁根》中，诺瓦利斯还只是隐隐约约地暗示了一下他对待勤奋、工作、劳动的看法，没有做进一步的深究。另一位浪漫派作家艾欣多夫则是相当坦率地、公开地向理性挑战，把懒散、慵懒作为正面价值大写在浪漫派的旗帜上。他的名著《一个无用人的生涯》（一译为《废物传》）公开向勤奋的美德叫板，直接把主人公的名字设计为"没有用的人"或"废物"（Taugenichts），把无所事事的漫游描写得令人神往。这个"不中用的人"不屑于劳作，不喜欢日复一日地重复同样的日子，不愿意过平庸的生活。他最喜欢做的事情就是

---

① Novalis: *Werke*. München: C. H. Beck, 2001, S.133.

拉小提琴。正当全村人都忙于生计时,他却在睡大觉。他的父亲忍无可忍,终于把他扫地出门,让他在社会中自生自灭,而他却欣喜地接受了这个安排,踏上了漫无目的的漫游之路,随身的行李就是一把小提琴。旅途中,他经历了许多有意思的事情,最终得到了他想要的生活。

  作品中,艾欣多夫一改社会上对于勤奋的看法,尽情讴歌了慵懒,把懒惰作为正面价值来刻画,尽显浪漫派一脉作家、理论家的风度。这个"没有用的人"似乎是个浪荡子,总是在浪费大好光阴,明显与常识唱反调。他唯一爱做的事情就是无所事事地漫游,但是作品的关键恰恰就在这里,就在于这个厌恶平庸、总想着改变生活,就在于这个寻寻觅觅。他被其父扫地出门,不但不忧伤,反而还欢天喜地;这只能被理解为他终于有机会摆脱平庸、摆脱日常生活,可以去过他想要的生活,至少有机会去寻找某个东西。他要找什么?他在找什么?从艾欣多夫及浪漫派的一贯立场来看,他要找的应该不是别的,而正是那个社会得病的解药。那么社会得了什么病?又有什么良药可以为社会解毒?

  施莱格尔生活的年代,德国正在经历着基督教世俗化的猛烈冲击。世俗化的洪流冲击着上千年来基督教形成的一系列价值观,人们的信仰受到了前所未有的震撼。德国哲人、诗人荷尔德林也看到了在这个病态的社会中人的状态,人们只看到各种有专门技能的人,而看不到人。这就是说,荷尔德林认为这种工具理性产生了恶果,它把人身上的各种能力分裂开来,最终破坏了人的完整性,使人成为分裂的人。

  施莱格尔秉承浪漫派的救世情怀,更是极力寻找价值失落的解决之道。寻寻觅觅,找来找去,他认为终于找到了问题的症结所在,这就是价值失落。旧的价值不复能发挥它们曾经有过的作用,只有寻找新的价值来填补这个空白。于是他把美视为新的价值核心,把美的载体艺术视为达到美的必由之路。他们要求的,是基本价值或曰终极价值;而在世俗化的进程中,当基督教信仰乃至任何信仰都缺席时,他们便祭出了美作为宗教的替代品,因为美的本质之一就是非功利性,就是自由,没有任何强制,而美的载体则是艺术。于是便产生了唯美是尊,以及对美的载体文学的崇拜,高唱唯诗是尊的赞美诗。这个问题其实就是韦伯所说的"去魅"及其后果。在意识的层面上,艾欣多夫作品中的"无用之人"的漫游可以被视为一种追寻,其目的是追寻社会里已经失落的意义(Sinn)。

勤奋等一系列德国市民所倡导的价值体系,终归属于第二层级上的价值。具体而言,勤奋这一价值所要达到的,是物质的丰富和财富的增加,与意义、信仰似乎无涉;而且如果过分强调勤奋,便会刺激人的物欲,使之无限增长,不但与基本价值的诉求相去甚远,而且对于人的和谐发展危害甚大。在世俗化的大潮冲击下,如果任由这种功利性的价值为所欲为,那么终极价值也会受到极大的损害,甚至会在功利性的冲击下覆灭。

如今,我们的社会也在高速发展。忙,不但是人们普遍的生活状态,而且也是人们奉为圭臬的生活方式。如果有人说自己不忙,那么此公有可能被人们看作失业者一类的社会的弱者、被社会淘汰的"无用之人",至少是脑子有点问题的人,甚至是反社会的人。忙,已经成了一种价值,而且是地位极高的价值。但是我们现在也清楚地看到社会的问题,对于忙,也有了理性的讨论。在这个大背景下,再来看施莱格尔的"懒惰礼赞",我们似乎可以多一点理解,至少不会觉得施氏无理取闹,最起码可以把这个礼赞看作是一个德国愤青的理想,至少可以把它视为施氏想要引起人们注意的一个无奈之举。

作者简介:李伯杰,对外经济贸易大学外语学院德语系,教授,代表作:《德国文化史》,北京:对外经济贸易大学出版社,2002年。

# 诗与思:在自然中的存在

## ——伽达默尔诠释学融合视域中的歌德

### 吴建广　刘英杰

**内容提要**:歌德的语言具有完满的自然性。这种自然性来源于他对自然的敬畏、体验和在语言上的模仿。歌德反对单维的科学理性,坚持以诗与思的多义性展示人性与世界,展现高于人、大于人的自然。伽达默尔从哲学诠释学的理念出发,关注歌德语言的自然性,强调歌德自然观念的重要地位。伽达默尔认为诗学源于对自然的倾听,诗人是自然的代言人而非创作主体,指出诗学比科学理性和体系哲学更能接近真理。他的诠释学方法消解了传统语文学研究带来的读者与文本之间的二元对立,是对德意志浪漫精神的秉承。

**关键词**:歌德　语言的自然性　伽达默尔　德意志浪漫精神

## 一、引　言

　　如何理解和解释诗人或诗学作品,是哲学诠释学所要回答的重要问题。哲学诠释学家汉斯-格奥尔格·伽达默尔不仅是理论家,还是实践家。他从哲学诠释学的视域出发,对德意志最伟大的思想型诗人歌德及其诗学的解读不仅对日尔曼文学的歌德研究极具启发意义,更是把歌德诗学的自然性放置在现代思想史的层面上加以探讨。伽达默尔不仅像海德格尔那样喜爱荷尔德林的诗学,对天才诗人歌德也倾注了更多的关注。早在20世纪30年代,德意志年轻人多沉浸在"荷尔德林、格奥尔格、特拉克尔的诗学中",马堡大学的神学教授布尔特曼(Bultmann)就对伽达默尔说:"到您年纪更大一些的时候,有一天您才会发现歌德。"伽达默尔的生命体验与阅读经验均证明此言极是,后来他觉得布尔特曼的话"越来越有道理"(GW 9:122)①。

在国内,由于歌德诗学语言不似荷尔德林和里尔克的晦涩,却又藏有无尽的思想深度,日耳曼学者的研究大多徘徊于语义表层,甚至流俗于意识形态,研究成果乏善可陈;哲学界却因对体系哲学或概念推理的一往情深而对歌德的诗性思想不置一词,原因或许在于他们缺乏解释诗学所必备的语文学学养,因此避而远之。因此,这位思想丰富多彩的智者在研究者云集的中国学界没有得到应有的重视和研究。直到海德格尔对诗人荷尔德林的经典阐述在中国成为显学,哲学界才恍若如梦初醒,诗学成为形而上学的最高境界,却依然不甚明了诗学(诗)与哲学(思)在德意志精神传统中的血缘关系。

伽达默尔从哲学诠释学的理念出发,在理解诗学文本时拒绝语文学的方法,即把自己视为主体,把诗学视为把握的对象,用科学方法去作用客体,把诗学切割成方法论所预设的东西;而是将自己放在一个读者—倾听者的位置上,"作为歌德作品的思想型读者"(GW 9:129),去顺从倾听诗学所道说的整全涵义。扬弃主客体的二元方法论,使文本与读者构成一个交谈的整体。伽达默尔认为,只有在这样的整全性中,文本的涵义之真理(die Wahrheit)才能如其所是地彰显出来。

## 二、歌德的自然观念

德意志诗人歌德既不像席勒那么愤世嫉俗、疾恶如仇,也不似浪漫派那样虔敬上帝、崇尚蓝花,而是贵在守中,贵于在形象的多维性构造中展现生命世界的

---

① 本文所引十卷本《伽达默尔全集》(*Gesammelte Werke*. 10 Bände, Tübingen:Mohr, 1995),GW 表示《伽达默尔全集》,冒号前为卷数,冒号后是页码。

多维状态。生命世界的多维性拓片于自然的多维性,自然的背后则是人类知性难以理解的神性存在,因而,敬畏神性、崇尚自然以及模仿自然的语言构成了歌德的诗学基础。在 21 世纪的今天,单维逻辑的科学理性,特别是其自给的唯一合法性和对真理的独断占有性遭遇责难与危机,歌德尤其值得重视。

　　海德格尔对诗学的弘扬代表了德意志传统一以贯之的诗与思的合体,在海德格尔看来,诗与思不是两样相同的东西,而是两个有不同称谓的同一个东西(das Selbe)。① 与海德格尔结为忘年交的伽达默尔在其全集第九卷《诗学与美学》中阐述了几乎同样的观点。因为,在他们看来,尽管用单义的概念进行单维的逻辑可以推理出一个明晰的世界,而这个明晰的世界与丰富多元的生命世界(die Lebenswelt)并不相符,单维的科学理性也就不能抵达生命之真。这也就是海德格尔所说的科学与思无关:"科学(die Wissenschaft)获有知识(Wissen),科学不思。"诗学的多维性形象却能显现和分有多维的生命之真。也就是出于这个原因,在欧洲,尤其是德国,歌德不仅是日耳曼学者孜孜不倦的研究对象,同样也是哲学家或哲学研究恒久的热门话题。歌德在有生之年就受到德意志学界和文人作家的崇敬,就连德意志哲学家黑格尔也要拜歌德为师,在其去世后的近两百年中,德国对歌德的热情从未有所消退。

　　伽达默尔在 20 世纪 80 年代重启歌德语言自然性的主题,并非是单纯的语言学的学术活动,而是思想家伽达默尔对歌德诗学长年思考的结晶,也是对时代的精神状况以另一种方式给出自己的回答。那就是歌德诗学语言的自然性与启蒙理性主义的对立。伽达默尔诠释诗人总是将自己的生命经验和当下状态结合在一起,讲述歌德的诗学语言同样如此。他提及了两个日期,一个是在第二次世界大战之后的 1949 年,当时,伽达默尔在法兰克福的歌德大学担任哲学系教授,大学将举办的歌德研讨会的主题设定为"歌德与科学"。目的是重新接轨因第三帝国而断裂的国际关系,因为"'科学'这一主题是相对容易跨越语言障碍的形式,使与世界文化的再次连接成为可能"。不过,德国人讲歌德的科学是要突出歌德将研究者与自然融合为一个整体的研究方式,而不是科学理性主义所要

---

① Martin Heidegger: *Was heißt Denken? Gesamtausgabe.* Frankfurt am Main: Klostermann, 2002, Band 8, S. 21.

求的主客对立的方法论。不过,歌德融合自然的科学研究只是停留在精神科学的讨论中,还一直没有被主流科学研究所接受。量子力学创始人海森堡(Werner Heisenberg)在 1976 年 5 月 21 日在魏玛的歌德协会上题为"歌德的自然图像与技术—自然科学的世界"的发言,就以自然科学家的身份指出歌德的自然图像与自然科学的研究方法相对立。海森堡指出歌德早已预见到科学和技术给我们带来的危险和威胁,并质问科学研究中是否有一只魔鬼的手在作祟。"歌德与科学"的主题也会引起某种误解,就是把歌德等同于牛顿一类的现代科学家。另一个日期就是 1982 年题为"歌德与启蒙运动"的研讨会。在当时和当下的精神状态中,启蒙运动总是处于政治和道德的制高点,将歌德削足适履地纳入启蒙思潮的努力或企图,多少也证明了战后德意志人在意识形态上对西方的屈服。

不过,伽达默尔依然坚持德意志浪漫精神的基本理念,拒绝将歌德置入启蒙思潮的任何企图,明确指出启蒙运动的危险性和条件性,新一波的启蒙运动的"科技后果改变了我们星球的构造,并将此改变为一个社会工厂,也使启蒙运动这一行为的界限变得清晰可见,且具有威胁性"(GW 9:130)。由此我们便能领悟到伽达默尔谈歌德语言的自然性恰是突显诗人歌德的自然观念的重要性,以此对抗启蒙思潮给我们带来的严重危害。这里涉及的不是单纯的语文学研究,而是关乎人类的存在与毁灭:"我们的生命任务和救生任务"(GW 9:131)。

只有在这个德意志浪漫精神的大框架中,我们才能理解伽达默尔对歌德语言自然性的论述。伽达默尔借用恩斯特·特勒尔奇(Ernst Troeltsch)的话说,德意志运动在"近代启蒙运动的大事件中最终成了'一支插曲',在这个德意志运动中,德意志精神史的特殊形态可以在歌德、德意志理念主义和浪漫派那里找到它的烙印"(GW 9:129)。这一插曲,或者说,德意志特殊道路,就是对启蒙运动的反作用(Rückwirkung)。

"歌德语言的自然性"所抵抗的就是将自然设定为科学主体的客体,并以人类的使用为目的进行攫取。歌德反对"终极原因",认为自然有其本身的建造与破坏,与人类的目的毫无关系;人类不是自然的目的,"从目的出发思想的、一切从人的可用性角度来处理自然,这就冒犯了歌德"(GW 9:59)。对歌德而言,

"自然。我们被它环绕、怀抱——我们既无能力走出它,也无能力深入它。"①在《浮士德·一部悲剧》的"天上序曲"中,天使长将天主放在一个无可比拟的位置上,突显人的时间性和局限性,人也仅是万物之一物,自然就是天主神性的具象表现,是神性存在的凭证。歌德"始终坚持自然与上帝的融合统一"(GW 9:59),把人放置在一个谦卑低下的、受到限制的位置上。因而,自然和自然性正是我们这个时代所迫切需要的,我们存在于一个亟需[神性]的时代。

在伽达默尔看来,歌德就是自然的象征,也就是古希腊的化身。生活在18世纪下半叶和19世纪上半叶的歌德关注的依然是秩序的被遗忘与秩序的重建。人本主义丢弃自然秩序,试图构建人本的主体秩序,其思想与践行构成了《浮士德·一部悲剧》的主导性主题。早在1948年,刚刚经历了毁灭性战争的德国,正在西方盟国的帮助下建设"自由和民主"的国家时,伽达默尔就发出了忤逆时宜的惊人之语:"歌德也属于那些人,他们信仰自然甚于信仰自由。"(GW 9:66)伽达默尔所谓的包括歌德在内的"那些人",显然就是在德国全盘西化的强迫中依然坚持德意志精神的诗人、学者和文人。这也构成了今天德意志精神的中流砥柱。

歌德诗学中对自然和自然性的肯定和坚持,从另一个方面说,就是反对科学理性的主体性。伽达默尔否定了只有科学理性或强调概念的体系哲学才能抵达真理,指出诗学更能接近真理的本源,因而,"在古希腊的意义上,歌德也是哲学家,并且比起他同时代的大哲学家更接近本源"。伽达默尔所谓的歌德的同时代大哲学家就指康德、费希特、谢林、黑格尔:"歌德的生活年代与伟大的德意志哲学运动同时,德意志理念主义的大思想家如康德、费希特、谢林和黑格尔都是他同时代的人。"(GW 10:56)"因为歌德不认同他所处的时代对理性自主性的信仰——他更看到了理性自主性的人的条件性。"(GW 9:70)所谓"条件性"就是局限性,也就否定了人的自由的可能性。这些德意志同时代的哲学大家如康德、费希特、谢林、黑格尔均为体系哲学家,企图以单义性的意志来解释世界,这些体系哲学家深受笛卡尔最后奠基的影响,都以自我意识为其哲学的最高原则

---

① Goethe:*Naturwissenschaftliche Schriften I*. In:*HA*, Bd. 13, S. 45. 这个说法可能源自于托布勒(Georg Christoph Tobler)的《自然》一文。

(参见 GA 8:402f.),再用逻辑推论、概念演绎来构造世界,如康德的理性、费希特的自由、谢林的爱、黑格尔的绝对精神,还有尼采的强力意志。① 而歌德以诗与思的多义性来展示人性与世界,展现高于人类、大于人类的自然。

在 99 岁的高龄,伽达默尔缅怀的不是任何哲学家,而是诗人歌德,并给予他"做诗的和运思的歌德"②这样的最高荣誉,将其与前苏格拉底的哲学家赫拉克利特相提并论。在《歌德与赫拉克利特》(1999)一文中谈论的乃是 50 年前的话题,歌德的戏剧残片《普罗米修斯》。伽达默尔突出这部残片中人类对神性的需求以及(现代)人类的分裂特征。戏剧残片中有一段朱庇特(宙斯)与墨丘利的对话,朱庇特对墨丘利说道:人类"亟需你的时候,才会倾听到你"。③ 伽达默尔解释道:"人类不需要朱庇特(宙斯),却总有一天会需要墨丘利,他是神的使者和译者。"(GW 9:86)倾听主题在这里的出现并非偶然,它表现出歌德的诗学精神依然游弋于德意志精神的框架之中。伽达默尔认为:"按照歌德的意图,应该将人类和普罗米修斯引向对诸神的承认。"(GW 9:86)伽氏的解读再次说明,人类必须承认更高意义的存在,在"神秘死亡"的面前,人类必然意识到自己的界限所在。这就无误地提醒人类,成为神只是依仗理性的现代人的幻想,"理性的自给权力是现代诸幻觉之一";而歌德站立于这个幻象行列之外,他清晰知晓人类的局限性,不为时代的狂躁而迷惑。伽达默尔认为,我们可以"在歌德那里得以度量,知晓其界限设定在哪里"(GW 9:81)。伽达默尔的言下之意就是说,歌德的诗学贵在中庸之道,游而有方,其根本就是在宗教上不僭越,对自然不倨傲,在情绪上不冲动,在政治社会层面上不革命。

在歌德那里,自然便是神性的同义词,是神性的外化或具体化,对歌德而言,自然图像的真理性的彰显同样是在感受中,而不是在概念—理论中:

---

① 参见理查德·帕尔默:《诠释学》,潘德荣译,北京:商务印书馆,2012 年,第 191 页。这是帕尔默对海德格尔《演讲与论文集》之"尼采的查拉图斯特拉是谁"中 114—122 页的精辟总结,见当页脚注。即海德格尔全集第七卷的第 116 页及以下(GA 7:116f.)。

② Gadamer:Goethe und Heraklit. In:ders.:*Hermeneutische Entwürfe:Vorträge und Aufsätze*. Tübingen:Mohr Siebeck, 2000, S.234.

③ Johann Wolfgang Goethe:"Prometheus. Dramatisches Fragment". In:ders.:*Werke Kommentare und Regiter*. Hamburger Ausgabe in 14 Bänden, Band 4, Dramen II, Hrsg. von Erich Trunz. München:C. H. Beck, 1990, V. 238f., S.182. 该版著作在下文均以 HA(汉堡版)注出。

先是感受,其次思绪,

先是向远,其次拘束,

来自野性的真图像

仁慈而温良地朝你彰显。①

当"19 世纪的市民阶层用自然科学的自我意识滋养自己"(GW 9:56)时,歌德确实否定了那些主体性的理论,强调生命的活性与本质:"一切理论都是灰色,/绿色是生命的金树。"②理论与生命在这里在某种意义上构成对立,人类的理论意欲独立于自然生命的活性而存在,而歌德却坚信,自然秩序是人类秩序的基础。"灰色"在歌德语汇中的基本含义是否定的,在批判法国启蒙哲学家霍尔巴赫的《自然的体系》一书时,他就连用了三个贬义词:"灰色、昏暗、死气"③来批判物质主义(通常译为"唯物主义")的简陋与僵硬。1781 年 12 月,歌德在给冯·施泰因夫人的信中明确提到他的"关于宇宙的新小说"。不过,歌德看似没有完成这部伟大的长篇叙述作品,有关这部作品的手稿也没有被发现。而这一切都清楚明白地表明,自 1780 年,歌德在写作一部长篇叙述作品,作品"关涉的主题是,世界的关联并不托付给神话或宗教,而是要借助于整全性—宇宙学的自然观,将实践性世界经验的财富纳入文学,并在作为万有性来理解的全面性的自然秩序基础之上来建立人类秩序"。④ 歌德崇尚自然的思想性诗学显然让伽达默尔深受感染,以至于他在生命的最后依然对歌德念念不忘。

## 三、诗学源于对自然的倾听

基于对自然的感受而后产生的思绪,基于对远方的向往而后受到拘束,真理的图像由此而得以彰显,可以将歌德以上的短诗解释为诗人对世界和对诗学的

---

① Johann Wolfgang Goethe:*HA*, Band 1, S.338.
② Johann Wolfgang Goethe:*Faust. HA*, Band 3, S.66, V.2038f.
③ Goethe:*HA* 9, S.490.
④ Annette Graczyk:*Das literarische Tableau zwischen Kunst und Wissenschaft*. München:Fink, 2004, S.189f.

理解。那么，诗人的书写就不是虚构的创作，也不是主体的想象。伽达默尔引述歌德自己的话来说明歌德语言的完满的自然性的神秘来源："歌德在多产的诗学写作早年说过：他的诗句像是不请自来的，一般是在夜晚，在周遭一片幽暗的时候跃然纸上，与其说是来自于艺术的愿望，不如说是听从（gehorchend）于一种灵感（Eingebung）。"（GW 9:75）歌德将自己诗学的写作归结于一种顺从或听从，听从于在我们之外的和置于我们之中的来自自然（本性）的消息。这种灵感是一种外在的置入（eingeben），不知其来自何方，不知如何指称，故命名为密托斯（Mythos），是科学理性无法推理出来的东西，也是无法证伪或证明的东西。

　　伽达默尔关于诗学密托斯来源的说法显然植根于柏拉图的诗人获得神灵的说法。这或许是前苏格拉底时期流行于古希腊的普遍见解。事实也是这样，荷马史诗中，故事讲述者开篇就要祈求女神缪斯的帮助，以求得叙述之真。在《伊安篇》中，苏格拉底也是延续了这种观点：诗人是神的代言人，诗人写作靠的不是技艺，而是神赋予的灵感："神对于诗人像对于占卜家和预言家一样，夺取他们的理智，用他们做代言人。"①柏拉图的诗人代理说扬弃了诗人在创作中的主体性和自主性，与现代文学理论格格不入，甚至相悖。现代文学理论与一切现代学术一样，把一切根源均归结于人本主义的主体。现代主义文学理论一致断定，文学创作是作家的主体想象，意即文学作品是作家大脑创作的劳动成果，是作者的私有财产。伽达默尔并不理会现代思潮占据绝对上风的态势，追随海德格尔"跃回源泉"（Sprung zum Ursprung）的理念，依然在德意志浪漫精神的路径上解释诗学现象，坚持诗人写作是对自然声音的倾听，是一种顺从倾听性质的书写行为。诗人的这种被动性和中介性，也就构成了不去追问作者原意的理由。

　　从古希腊至今的诗人倾听说，与中国传统文学的基本观念有相通之处。刘勰《文心雕龙》中的"神思"一章，说的就是书写者如何放弃主体意志，离形去智，进入期待状态，虚静以待，等候神临，或与神接。也就是说，"形在江海之上，身在魏阙之下"是两个东西，一个是指阴阳不测的形，一个是存在于时空当下的身；前者为神，后者为思，只有当两个东西，思与神相接时，才会产生卓越的文章。

————————
①　《柏拉图文艺对话集》，朱光潜译，北京：人民文学出版社，1983年，第9页。

因此，神与思并非作家"文思酝酿中的想象"①。"神思"以降的章节也并非现代文学理论意义上的"创作论"。《文心雕龙》从"徵圣第二"的"作者曰圣,述者曰明"就否定了书写者的创作行为,书写者是在感应和听闻理智不可理解和解释的东西,那些圣人传递下来的消息,即天地道理。在此意义上,孔子也只是弘扬圣人道理的述而不作者。"文章本天成,妙手偶得之",陆放翁的这句诗话同样击中了诗学的本质。它说明了诗学的产生不是诗人的主体性创作,而是诗人在一个偶然的机会与之相遇。其实,这个偶然也是有准备和有天赋的诗人才会遇见。

在伽达默尔看来,歌德就是这样一位得天独厚的天才诗人,他的诗学无不流露出对自然的直接体验与敬畏,这体现在其语言的自然性中。歌德强调诗学书写的水到渠成,反对用思想来强迫诗学。他"提到过'被强制的才能'(forcierten Talenten),就是在他晚年,显然是针对席勒,也缓和地说过类似的话,这些天才想通过沉思强迫得到在事实上只有从诗意想象力和话语的激情的提升形式中自然而然地朝一个人涌来的东西"。伽达默尔建议我们如何欣赏歌德语言的自然性："阅读歌德的时候,必须要读几页席勒"(GW 9:132)。或许,伽达默尔在论述歌德语言的自然性时,总是拿席勒的诗学语言来进行对照。

在伽达默尔看来,歌德的略带方言的自然德语是无与伦比的,几乎是不可超越的："席勒激烈的语言姿态,荷尔德林梗阻式的迫切性,克洛普斯托克讷语的力量和赫尔德滔滔不绝、一发难收的语言风格,凡是列于世界文学行列的德意志语言艺术家,歌德有一点都超过他们:歌德语言的完满的自然性。"(GW 9:74f.)所谓自然性语言就是人性与自然互动发出的和谐之声,是诗人对自然声音的顺从倾听。歌德诗学中发出的自然之声植根于德意志语言本身的音响本质。

植根于语言自然特征的诗学会给翻译带来巨大的困难,或者说,是不可译。因为,一旦离开这种特定的语言,与该语言声音黏合在一起的涵义也就随之消失。翻译就是明知不可为而为之的、迫不得已的权宜之计。简单如歌德的《魔术艺徒》(Der Zauberlehrling)都很难想象译成外语会变成怎样的模样。这首歌

---

① 周振甫：《文心雕龙今译》,北京:中华书局,2011 年,第 246 页。

谣自然流畅,节奏性强,叙事歌谣中的韵律、节奏、仿声、隐喻选用、语词选择、形象设计都会在外语中丧失殆尽,译文可以保留的只是这么一个故事的躯壳。所有这些诗学特征都是德语本身所内含的,是诗人歌德以其自然本性感应到的语言的恩惠,是对自然的倾听及其所听内容的摹写。这首诗文就如高山流水一般顺势而下,语言的自然性就在不经意间流淌出来。

"歌德语言的完满自然性并非是外在的或是偶然的东西,而是最为精确地符合这种方式,即他与世界相遇和对世界回答的方式。这一切看上去就像是一个游戏,也正是他的散文的这种游戏性,对一些受到荷尔德林和里尔克的富于预言性的语言情态养育的人而言,可能会觉得是对一件神圣器皿的滥用。"(GW 9:75)歌德在《浮士德》这样的严肃诗学文本中使用了一些法兰克福的方言,在强调标准德语并贬低方言的有教养的德意志读者看来似乎有失体统。《浮士德》中常被引用的两处法兰克福方言就是"g"与"ch"的相同读音:

> Wie Himmelskräfte auf und nieder steigen
> Und sich die goldnen Eimer reichen! （V.449—450）
> ... Oh neige
> Du Schmerzensreiche. （V.3587—3588）

这里不仅是尾韵的要求,也是对母语,即自然语言的敬重,我们也可以从中感受到歌德自然语言的"灵活性和丰富性"(GW 9:137),这种注重口语的语音恰是自然鲜活的语言表达。歌德的老师赫尔德在收集民歌时就已经注意到语言的自然性,这也是德意志人放弃法兰西古典主义,转向英格兰的诗人如莎士比亚的主要原因,他们认为后者的语言更加接近自然。

## 四、结　语

诗人在传递什么?是他的自主性意见,还是一个更高存在的消息?在伽达默尔看来,德意志天才诗人歌德的伟大之处就在于他对自然的敬畏,他的诗学书写是对自然的模仿,是对自然倾听而记录下来的文字。这种倾听神性或自然的文字记录就是伽达默尔心目中的"卓越诗学",海德格尔称之为"伟大的诗学"。这样的诗学在歌德那里以一种自然流畅的方式铺陈开来。歌德的语言不似荷尔德林或里尔克那么艰涩,在其深处却同样隐藏着难以理解的密托斯。密托斯就是如伽达默尔所言的不可客观化、对象化的东西。这种东西似乎离真理更近。在《什么是真理?》一文中,伽达默尔坚称:"人们有时并不能视证明之路为正确之路,来将他人引入洞见……我们常常生活在传达的形式中,而所要传达的东西却是不可客观化的,这种不可客观化的传达形式是语言为我们提供的,是诗人提供的。"(GW 2:49)在此,伽达默尔拒绝了将"证明之路",科学理性"证明之路"视作唯一正确的道路,他强调在我们的生命世界中,我们所理解和传达的东西并不能像自然科学那样客观化。语言作为一种更高的存在方式,为我们提供了这种非自然科学的传达形式。诗人是提供这种传达形式的最佳人选,因为"有些真的东西是我们没有能力认识的"(GW 2:49)。经久不衰的永恒的歌德提供给我们的就是永远取之不竭的文本源泉,在这样的源泉中,我们再次感悟自然的力量,感受自然德语之美。

作者简介:吴建广,同济大学外国语学院德语系教授,代表作:《德意志浪漫精神与哲学诠释学》,载《中国社会科学》2013 年第 9 期。

# 施莱格尔的浪漫式柏拉图诠释及其相关问题

先 刚

**内容提要**：施莱格尔在柏拉图研究史上第一个把柏拉图哲学的表述方式（即对话录形式）当作柏拉图哲学的核心关键，并将其放置到"系统论述"的对立面。与此相应的是，施莱格尔把康德的"无限趋近理想"的思维模式引入柏拉图诠释中，认为柏拉图哲学仅仅是一种持续推进的思考，是一种"处于转变过程中的哲学"，而非一种系统的、完满的、终极的知识。因此施莱格尔必然否认柏拉图的带有浓厚体系气息的"未成文学说"的存在和价值。这种走向不可知论路线和绝对尊崇柏拉图的成文著作的浪漫派柏拉图诠释模式影响巨大，但是并不符合历史事实，因此自20世纪50年代以来，它遭到了以"图宾根学派"为代表的历史的—批判的柏拉图诠释模式的反驳。

**关键词**：施莱格尔 德国浪漫派 柏拉图诠释范式 对话录 未成文学说

柏拉图虽然在历史上始终享有卓著的名声，但人们对于他的了解却并非一直都是这么充分。要了解一位哲学家，最基本也是最重要的做法当然是去阅读他的原著。然而尽管柏拉图曾经创作三十多部对话录及十几篇书信，但自从公元529年雅典学园被罗马皇帝查士丁尼在基督教的挑唆下强行关闭以来，直到文艺复兴时期，人们能读到的柏拉图的著作可谓寥寥无几。早期基督教教父以及中世纪的经院哲学家所认识的柏拉图，仅仅借助于一部甚至没有完整翻译过来的拉丁文《蒂迈欧》，而这曾经是中世纪的学识阶层——包括号称"新柏拉图主义者"的奥古斯丁在内——在长达七八百年的时间里唯一能接触到的柏拉图著作。直到12世纪中期,《斐多》和《门农》总算被翻译过来,又过了一百多年(13世纪末),才有人翻译《巴门尼德斯》。整个欧洲中世纪对于柏拉图的隔膜程度,可见一斑。后来随着阿拉伯帝国的兴起,靠着阿拉伯人的帮助,各种希腊文原典才慢慢重新流入西方。但在这个过程中获得最大好处的,却不是柏拉图,而是亚里士多德,后者通过托马斯·阿奎那的阐发最终被钦定为基督教的官方思想,并独享"哲学家"(Philosophus)的称号。随着14世纪以来的文艺复兴,人们越来越希冀摆脱"官方哲学家"亚里士多德的影响,于是很自然地到柏拉图那里寻找思想资源,这才导致柏拉图的地位不断攀升。从15世纪末到16世纪后期,在费西罗(Marsilio Ficino)和斯蒂凡(Henricus Stephanus)等人的努力下,方才有完整柏拉图全集(拉丁文译本或希腊文—拉丁文对照本)呈现在世人面前,为我们今天真正全面深入地研究和理解柏拉图哲学奠定基础。

近代语言的柏拉图全集译本首次于1699年出现在法国,而英国则是直到1804年才有译自希腊语的柏拉图全集。① 相比之下,德国直到18世纪末才拥有第一个德语译本的柏拉图全集②,而且这个译本的质量并不能令当时的学界感到满意。在这种情况下,施莱格尔和他的朋友施莱尔马赫制定了一起合作重新翻译柏拉图的全集的计划,并且明确了各自的分工范围。这个计划的进展并不是十分顺利,主要原因在于施莱格尔由于事务繁忙而不断拖延翻译和交稿的时间。无奈之下,施莱尔马赫只能把整个计划独自包揽下来。施莱尔马赫翻译的柏拉图著作自1804年以来陆续出版,这个译本直到今天都是最经典的一个德语译本,迄今一直被众多出版社大量翻印。施莱尔马赫基本采取"硬译"原则,而这恰恰塑造出一种朴素隽永的文字风格和独特魅力。自从施莱尔马赫的柏拉图译本出版以来,尽管也存在着批评的声音,但绝大多数人包括很多顶尖学者都对其推崇备至,比如博克(August Beockh)就自豪地宣称:"唯有我们德意志民族——通过施莱尔马赫的功绩——才揭示出了真正的柏拉图。其他民族做不到这一点,将来也做不到。"同样,耶格尔(Werner Jaeger)也在1920年说道:"这个

---

① 参阅萨顿:《希腊黄金时代的古代科学》,鲁旭东译,郑州:大象出版社,2010年,第505页。
② Johann Friedrich Kleuker: *Werke des Plato*. 6 Bände. Lemgo 1778-1797.

作品[施莱尔马赫的柏拉图译本]意味着最伟大的希腊哲学家的全面复兴,德意志民族第一次真正拥有了柏拉图的精神财富。"①

但事实上,施莱格尔虽然"临阵脱逃",没有参与柏拉图全集的翻译工作,但他本人毕竟是这个计划的发起者,如果没有他对于施莱尔马赫的启发和鼓励,后者恐怕也不会有雄心和勇气去承担这项伟大的工作。作为德国浪漫派的最重要的理论家,施莱格尔对于哲学史、对于柏拉图,始终青睐有加,不仅多次专门讲授柏拉图的哲学,而且更重要的是把他自己的哲学观点与他的柏拉图诠释糅合在一起。他的这些理解和施莱尔马赫关于柏拉图的对话录的理论联系密切,合起来对于后人心目中的"柏拉图形象"产生了巨大影响,激发了大量的追随者和反对者,被称作是柏拉图研究史中的一个转折点,或者说确立了近代的"浪漫的柏拉图诠释范式"。②

施莱格尔对于柏拉图的论述主要见于《苏格拉底和柏拉图的辩证法》(*Von der sokratischen und platonischen Dialektik*)、《柏拉图的哲学》(*Philosophie des Plato*)、《柏拉图性格刻画》(*Charakteristik des Plato*)等讲授录或文章,这些论述的篇幅虽然长短不一,但都集中体现了施莱格尔的柏拉图诠释的要点。

施莱格尔和施莱尔马赫确立的"浪漫的柏拉图诠释范式"的一大贡献,就是强调必须从"形式"和"内容"两方面来考察柏拉图的哲学,强调柏拉图哲学的"形式"的重要性一点都不亚于柏拉图哲学的具体内容,甚至可以说正确把握柏拉图哲学的"形式"是真正认识柏拉图哲学的基本前提和关键之所在。所谓柏拉图哲学的"形式",就是柏拉图表述其哲学思想所采取的方式,或更确切地说,就是柏拉图的"对话录"写作方式。在施莱格尔那个时代,人们在讨论和分析柏拉图哲学的时候,都对柏拉图的写作形式不是很重视,而是仅仅关心如何从中提炼出"纯粹的"哲学义理。即使黑格尔曾经称赞柏拉图的写作形式具有"造型艺

---

① Vgl. Th. A. Szlezák: *Friedrich Schleiermacher und das Platonbild des 19. und 20. Jahrhunderts*. In: *Protestantismus und deutsche Literatur* (Münchner Theologische Forschungen, Bd. 2), herausgegeben. von Jan Rohls, Gunther Wenz. Vandenhoeck & Ruprecht, Göttingen, 2004, S.125-144.

② Giovanni Reale: *Zu einer neuen Interpretation Platons. Eine Auslegung der Metaphysik der großen Dialoge im Lichte der "ungeschriebenen Lehren"*. Paderborn, 2000, S.68-79.

术"的特色,认为这种写作形式"充分避免了一切肯定、独断、说教的作风"①,但他仍然不忘强调:"我们绝不能因此像有些人那样,认为对话体是表达哲学思想的最好形式,这不过是柏拉图的个人风格罢了。"②黑格尔这番话所针对的恰恰就是施莱格尔和施莱尔马赫,尤其是后者在他翻译的《柏拉图全集》(1804年后陆续出版)的导论中提出了一个著名的观点,即我们应当把柏拉图理解为一位"哲学艺术家"(philosophischer Künstler)。③ 这里不是把柏拉图单纯看作一位具有艺术才华的哲学家(从古至今这样的哲学家显然不在少数),而是从一开始就把柏拉图看作"哲学"和"艺术"(写作的艺术)的集合体。在施莱尔马赫看来,柏拉图在写作时独辟蹊径,"完全避免了通常的哲学表述方式"④,因为柏拉图的写作目的是要在读者的内心里激发起"活生生的"思想,或者说让读者在自己的内心里产生出对于理念的认识,为此柏拉图精心挑选了对话录的写作形式而不是通常的"论文"(Abhandlung)形式,以便让书写下来的东西"尽可能地"模仿和复制那种活生生的真实对话交流的过程。施莱尔马赫乐观地认为,这个"模仿"是成功和完满的:"正如每个人看到的那样,口传学说的这个优点之所以真正保留下来了,是因为柏拉图的著作采用了活生生的讲授所必须具有的对话形式。"⑤同样他还说道:"……因此很显然,柏拉图必然尝试过让书写下来的教导尽可能地相似于那种更好的口头教导,而且他在此也必然获得了成功。"⑥基于这些判断,施莱尔马赫认为,柏拉图的写作必然只能是对话录的形式:"对话的形式,作为对于那个原初的相互交流的模仿,无论对柏拉图的口头讲授来说,还是对他的书写著作而言,都是同样不可或缺和自然而然的。"⑦这就是说,柏拉图的哲学的"对话录"形式已经与它的内容不可分割地结合在一起。⑧

相比施莱尔马赫,施莱格尔在关注柏拉图哲学的对话录"形式"的时候,重

---

① 黑格尔:《哲学史讲演录》第二卷,贺麟、王太庆译,北京:商务印书馆,1960年,第165页。
② 同上书,第164页。
③ F. D. E. Schleiermacher, *Über die Philosophie Platons*. Hamburg, 1996, S.28.
④ Ebd., S.29.
⑤ Ebd., S.39-40.
⑥ Ebd., S.40.
⑦ Ebd., S.40-41.
⑧ 参阅拙文《书写与口传之间的张力》(载于《学术月刊》2010年第7期)。

点不是在于其具有的艺术性①,而是在于这样一个观点,即"对话录"与"体系"是不相容的,是"反体系"的。在《苏格拉底和柏拉图的辩证法》里,施莱格尔提出:"苏格拉底的哲学、他的学派的哲学,甚至柏拉图的哲学,都不是一个真正封闭的和完结的体系,毋宁说是一种持续推进的哲学思考,是一种对于真理和确定性的孜孜不倦的探究和追求。"②在施莱格尔看来,苏格拉底和柏拉图都认为真正的哲学的第一项事务就是消除人们头脑中各种已有的成见和谬误,必须首先清除所有的障碍,才能达到哲学的神庙。苏格拉底学派(包括柏拉图)的所有著作首先的任务在于,驱逐当时广为流传的谬误和支配性的成见,同时仅仅以顺便提及或暗示(Andeutung)的方式宣讲他们自己的学说,但这样一些反驳意见不可能构成"独立的体系",因为它们依赖于一些偶然的情况,即取决于哲学家想要反驳哪些谬误。正因如此,"苏格拉底学派的著作不可能是体系性的,因为他们绝大多数都是论战性的,也就是说,更倾向于反抗'非哲学'(Unphilosophie),而不是发展和建立一个关于他们自己思考所得的真理的独立体系。"③

对于施莱格尔而言,反驳成见和谬误也是"辩证法"的主要用途,而辩证法——正如其词源所表明的那样——起源于对话、交谈,从这里又引申出苏格拉底学派和柏拉图的对话录写作。这似乎再次证明了柏拉图的对话录不是一种体系性的思考,因为正如施莱格尔所说的那样:"一部哲学对话录不可能是体系性的,因为否则的话,它就不再是对话录,而仅仅是一篇改头换面的体系性论文,反过来,以体系性的方式来交谈必然看起来是荒谬的、学究气的。"④这个观察具有一定的合理性,但施莱格尔的问题在于,他实际上已经预设了这样一个重大前

---

① 施莱格尔当然也承认:"柏拉图的著作,每一个单独看来都是一个完满的艺术品。"Vgl. Friedrich Schlegel: Charakteristik des Plato, in ders. *Schriften und Fragmente. Ein Gesamtbild seines Geistes*. Aus den Werken und dem handschriftlichen Nachlaß zusammengestellt und eingeleitet von Ernst Behler. Stuttgart, 1956, S.185.(以下引用相关文本时缩写为"CP",并标注该书相应页码。)Friedrich Schlegel: *Philosophie des Plato*, in *Friedrich Schlegel's Philosophische Vorlesungen aus den Jahren 1804 bis 1806. Nebst Fragmenten vorzüglich philosophisch-theologischen Inhalts*. Hrsg. von C. J. H. Windischmann. Erster Teil. Bonn, 1846, S.365.(以下引用相关文本时缩写为"PP",并标注该书页码。)

② Friedrich Schlegel: *Von der sokratischen und platonischen Dialektik*. in *Friedrich Schlegel's Philosophische Vorlesungen aus den Jahren 1804 bis 1806. Nebst Fragmenten vorzüglich philosophisch-theologischen Inhalts*. Hrsg. von C. J. H. Windischmann. Erster Teil. Bonn, 1846, S.30.(以下引用相关文本时缩写为"SPD",并标注该书页码。)

③ SPD, S.30.

④ PP, S.365; CP, S.186.

提,即柏拉图的哲学思考(和别人交谈、反驳各种成见和谬误等等)和他的写作是**绝对同步发生的**,或者说当柏拉图在书写对话录的相关内容时,恰恰**仅仅**具有目前的认识。但是,柏拉图为什么不可以**预先**已经具有一套系统的哲学思想,**然后**在和别人交谈或写作对话录的时候反驳各种谬误,进行论战呢?换言之,一部哲学著作的"论战性"和"体系性"并不是绝对排斥的。退而言之,即使一部对话录不是体系性的,那么这也不能证明柏拉图的哲学本身不是体系性的。遗憾的是,施莱格尔在这里有意无意地略去了这个非常尖锐的问题。

与此同时,施莱格尔提出了另一个理由,用来表明苏格拉底和柏拉图的哲学是与"体系"不相容的。他说:"在苏格拉底和柏拉图看来,哲学的对象是如此地超越于人类理智的紧促界限之上,如此地超脱于人类理智的有限的理解能力,所以他们宣称,即使通过最大的努力也绝不可能完全认识到无限的真理,不可能完全穷尽无限的真理;这个真理只能以揣摩、猜测和暗示的方式被把握,人们只能通过一种永不止息的持续追求,通过一种上升式的追求完满的教育,通过推崇一切精神力量和行为,才能接近它;但要完全达到它,这对于人来说是一个不可解决的问题。"①施莱格尔的这些言论明显体现出康德、费希特、席勒的影响。康德在《纯粹理性批判》的先验辩证论里提出了一个核心概念,"**理想**"(Ideal)。理想在理论上意味着纯粹理性以先天必然的方式所思想的一个最高对象,但这个对象"不能在经验中被给予",即是说既不能在现实中存在,也不能被认识。就像康德反复所说的那样,理想**仅仅**是一个理想。而在实践哲学里,理想意味着一个道德典范,是人们应该永远不停追求的目标。人们在行动中应该无限地向着它趋近,哪怕它过去从来没有,将来也永远不会在现实生活中出现。简言之,康德一方面把理想推到了绝对不可触及的彼岸,另一方面又规定我们无论在理论还是实践中都要不断向它靠拢。在康德这里已经出现了一种"无限趋近,但永远无法触及"的思维模式。首先受其影响的是费希特和席勒。费希特在 1794 年《关于学者使命的若干演讲》中指出,人的最终目的在于用理性来驾驭一切非理性的东西,但他同时认为:"在'人'的概念里包含着这样一个意思:人的最终目

---

① SPD, S.31.

标必定是不能达到的,达到最终目标的道路必定是无限的。因此,人的使命并不是要达到这个目标。但是,人能够而且应该日益接近这个目标;因此,无限地接近这个目标,就是他作为人的真正使命。"①同样,席勒在《秀美与尊严》(1794)中也说道:"人的使命就是在他的两种本性之间建立起内在的和谐一致……但是,这种性格的美,人性最成熟的果实,只是一个理念。人以持续的专注去符合这个理念,但他在所有的努力中都不可能完全达到它。"②在后来的《审美教育书简》(1795)里,席勒继续宣称,"审美自由"的理念是这样一个无限者:"人在时间的长河里能够逐渐接近,但却永远不能达到它。"③感性力量和理性力量至多只能趋向尽可能的和谐,但这种和谐"在现实中是一个永远都不能达到的理念"④。简言之,这里弥漫着浓厚的"不可知论"的气息。⑤ 至于施莱格尔的"贡献",就是把这套思想应用到了柏拉图诠释上面,用"不可知论"来表明柏拉图不具有一个"体系"——因为"体系"意味着一种完满的、终极的知识。出于同样的理由,施莱格尔对于苏格拉底的"无知"和"谦虚"推崇备至,认为"坦诚对于人类认识的最高对象的无知"是一种正直的、严肃的、对于真理的追求的表现。⑥ 但施莱格尔没有注意到,这恰恰只是柏拉图的著作的"论战性"的一个表现,不能从中推出一个"体系性"的结论。而最大的问题在于,"不可知论"也许可以适用于许多哲学家,但在柏拉图这里却是绝对不可接受的,因为柏拉图恰恰是"不可知论"的死敌,他的哲学立场就是要反对职业智者们(普罗泰戈拉、高尔吉亚等)宣扬的那些观点,比如人类出于自己理智的缺陷不可能认识到确定的真理,不可能认识到最高的善、美、理念等。柏拉图从来没有像施莱格尔所声称的那样,认为"哲学的对象是如此地超越于人类理智的紧促界限之上,如此地超脱于人类理智的有限的理解能力,所以……即使通过最大的努力也绝不可能完全认识到无

---

① 梁志学主编:《费希特著作选集》第二卷,北京:商务印书馆,1994年,第12页。
② Friedrich Schiller: *Über Anmut und Würde*. In ders. *Gesammelte Werke*, hrsg. von Reinhold Netolitzky. Berlin, 1955, Band 5, S. 157.
③ Friedrich Schiller: *Über die ästhetische Erziehung der Menschen*. In ders. *Gesammelte Werke*, hrsg. von Reinhold Netolitzky. Berlin, 1955, Band 5, S. 366.
④ Ebd., S. 391 u. 374.
⑤ 参阅拙文《席勒的自由哲学及其在德国古典哲学中的定位》(载于《北大德国研究》2005年第一卷)。
⑥ SPD, S. 33.

限的真理"——这类观点毋宁说正是普罗泰戈拉等人的主张,是柏拉图所坚决反对的。除此之外,柏拉图在《斐德罗》《斐多》《理想国》《会饮》《智术师》《政治家》《蒂迈欧》等大量著作的多处地方都明确表明,哲学家**能够**认识到"善""美"等最高理念,**能够**认识到理念与具体事物之间的关系(这才是真正的柏拉图的"辩证法"思想),而从来没有提出这些对象超出了人类理智的界限。至于这些认识是否达到了一个"体系",那是另外的问题,但这些事实无论如何都已表明,施莱格尔用"不可知论"来诠释柏拉图乃是一个巨大的曲解。

我们看到,施莱格尔站在康德的立场上曲解柏拉图,反复强调道,由于人类理智远离理智世界,束缚于感官世界,"所以它对于神性只能具有一种不完满的认识"①。诚然,人们可以而且必须摆脱感性冲动、禀好和激情,但是却不可能摆脱对于最高对象的认识的否定性,因为这种否定性是基于人的本质,基于"人作为感性存在的原初的局限性"。"柏拉图认为,人基于自己的有限的、感性的本性,只能以否定的认识,间接地和不完满地认识那种无限的、最高的实在性。"②在施莱格尔看来,柏拉图不是用一个特定的命题或结果来概括整体,而是总借助于关于无限者的一个暗示,以及对于无限者的一个"展望"(Aussicht)。柏拉图的对话录所教导的思想一直走到了最高对象的门口,但并不"登堂入室",而是满足于仅仅以一种不确定的方式暗示那无限的、神性的东西,因为这个东西不可能通过哲学而加以标注和解释。所有这些观点合在一起,结论就是一个,即柏拉图既然没有以肯定的方式认识到那些最高对象,那么他当然不可能建立或具有一个"真正意义上的哲学体系"。

与"不可知论"路线相一致和相联系的,是施莱格尔提出的"**无限接近**"(unendliche Annäherung)模式。施莱格尔在诠释柏拉图哲学之前,预先对于"哲学"本身提出了一种浪漫式的诠释。他说:"假设哲学的目的就是对于无限本质的一种肯定的认识,那么必须承认,这个认识是绝不可能达到完满的,既然如此,哲学也绝不可能成为科学。"③德语中的"科学"(Wissenschaft),作为一种系统的、

---

① PP,S.363.
② PP,S.362.
③ Ebd.

完满的(亦即包揽"本原""中间环节""结果")的知识,就是希腊人所说的"智慧"(Sophia),而众所周知,希腊人所说的"哲学"(Philosophia)则是"爱智慧"的意思。问题只在于,这里所说的"爱"究竟是怎样的一种"爱"。在施莱格尔的诠释下,"爱"意味着只能无限接近对象,但却不能最终达到对象。这个观念是和希腊人原本的理解不符的,因为按照希腊人自己的理解,"爱"是意味着与所爱的对象的亲密交往,相互拥有,所以"哲学"作为"爱智慧"就是与"智慧"亲密无间,堪称"智慧之友"。在希腊人的词汇里,和"哲学"具有类似结构的词汇("爱"+"某物")还有很多,比如"爱喝酒"(Philoposia)、"爱美食"(Philotrophia)、"爱学习"(Philomathia)、"爱荣誉"(Philotimia),甚至还有"爱朋友"(Philophilos)这样的词。很显然,在所有这些词语里面,"爱"都是意味着与所爱的对象的亲密交往,而绝对没有不能触及对象的意思。"爱学习"绝不意味着勤奋学习却没有获得半点知识,毋宁说这个词所指的恰恰是学识渊博的人;"爱喝酒"和"爱美食"也绝不是永远都在追求美酒和美食,却从来都吃不到一口东西,正相反,这个词指的是那些堪称饕餮客的整天大快朵颐、畅饮美酒的人。可见,"哲学"或"爱智慧"也是同样的道理。正因如此,瑞士学者布尔克特(Walter Burckert)在谈到"爱智慧"这个词的时候写道:"'爱'的意思不是追求某种不在场的东西,不是追求不可触及的东西,而是意味着对当前的东西的一种亲近熟悉状态,正是在后面这种意义上,'爱'标示着一种习以为常的行动……那些使用'爱智慧'一词的人,并不是把它当作'智慧'的对立面,当作对于'智慧'的放弃。毋宁说,在最本原的意义上,我们必须把'爱'理解为一种友好的关系,一种亲密的交往,'爱智慧'就是一种经常性的、成为习惯的、与'智慧'的交往。"[①]也就是说,哲学和智慧或科学的关系并不是单纯的"求而不得",而是"亲密的交往"。相应地,哲学家也不是一个悲苦地对于科学只能望洋兴叹的人,而是科学的"亲密朋友"。诚然,纯粹从概念上来说,"哲学"和"科学"是两个东西,但施莱格尔恰恰不懂这样的辩证法,即"哲学"本质上就是"成为科学",而"科学"也不是一个孤零零的、现成地摆放在遥不可及的远方的东西,它就是哲学成为科学的这样

---

① Walter Burkert: *Platon oder Pythagoras?* In *Hermes* 88 (1969), S. 172-173.

一个过程,就是哲学。① 是的,有许多特定的哲学还处在走向科学的途中,但这绝不意味着另有一些哲学(比如柏拉图、谢林和黑格尔的哲学)或哲学本身不能成为科学。施莱格尔只看到了前面一点,却没有认识到后面这种情况,因此他才会妄自声称:"柏拉图只有一种哲学,但却没有一个体系;正如哲学总的说来仅仅是对于科学的一种寻求和追求,而不是科学本身,这一点对于柏拉图的哲学来说尤其是如此。他的思考永远都没有完结,他尝试着以一种精巧的方式在对话录中呈现出他的精神的这种不断追求完满知识和对于最高者的认识的过程,呈现出他的理念的永恒的转变过程、塑造过程和发展过程。这也是柏拉图哲学的性格特征。"② 按照施莱格尔的看法,一个人的哲学就是一个精神的历史,是他的理念的逐渐产生、塑造、推进的过程。只有当他的思考完结了,达到一个确定的结果,才产生出一个体系。但施莱格尔认为,柏拉图的哲学研究不能达到一个最终结果,所以他只能试图把那个内在的关联、那种独特的统一性注入到他的理念的进程、发展和呈现中,因此柏拉图哲学的形式的个性特征仅仅在于他的哲学研究的特定的、合乎计划的推进过程。施莱格尔把柏拉图称作"一个彻底过程性(durchaus progressiver)的思想家",把柏拉图的哲学称作是"一种处于转变过程中的哲学",从总体上给柏拉图贴上了一个"未完成"的标签:要么是他的哲学没有完成,要么是他的哲学的表述没有完成。③

概言之,施莱格尔给柏拉图贴上"不可知论""过程性""未完成"等标签,归根结底就是要表明柏拉图哲学不是一种达到了终极认识的"科学",不具有一个严密的"体系"。但值得注意的是,施莱格尔是在柏拉图哲学的"形式"这个框架内来讨论上述问题的,也就是说,他的那些言论尚未触及柏拉图哲学的"内容",不是建立在柏拉图哲学的具体内容之上,因此臆想的成分远远大于实际研究的结果。只要真正深入研究了柏拉图的著作,就会发现,施莱格尔的那些标签和柏拉图哲学的真相是完全不符的。

施莱格尔在柏拉图那里对于"科学"和"体系"的排斥,导致他得出了另外一

---

① 对此可参阅黑格尔在《精神现象学》之"导论"中的精彩论述(TWA 3, 80)。
② CP, S.187; PP, S.363-364.
③ PP, S.366, 367.

个具有深远影响的结论,即否认柏拉图的"未成文学说"(ungeschriebene Lehre)的存在。实际上,在整个柏拉图研究史中,一直存在着这样一个观点,即柏拉图并没有把他的全部哲学都书写在对话录里面,而是在对话录之外另有一套口头传授的"未成文学说"或"口传学说"。这个观点不仅拥有柏拉图本人在《斐德罗》(Phaidr. 274e—278a) 以及《第二封信》( Epist. II, 314c)、《第七封信》(Epist. VII, 341c—343a) 中亲口证词,而且得到了亚里士多德在《物理学》(Phys. IV 2, 209b) 中的证实——包括柏拉图的"未成文学说"(agrapha dogmata)这个概念也是亚里士多德提出来的。按照亚里士多德等人记载的柏拉图的"未成文学说"的内容,我们可以勾勒出一个具有严格科学性、体系性的"柏拉图哲学大纲",而这个大纲反过来又让我们可以更好地认识到柏拉图的对话录的科学性和体系性。而施莱格尔既然力主柏拉图哲学的"非科学性"和"非体系性",自然要和这条诠释路线进行斗争。对此他列出了三条反对理由:(1)柏拉图在表述自己的思想时并没有什么克制保留的,比如他经常赤裸裸地攻击祭司、大众教师和诗人,与神话对立,主张神的单一性,等等。然而施莱格尔的这个反驳只不过是"无的放矢",因为柏拉图在著作中有所保留的东西不是他的宗教观点,而是对于最高本原("一"和"不定的二")的界定以及这两个本原和各级存在的辩证关系。看起来施莱格尔根本不知道这个问题的关键之所在。(2)施莱格尔的第二条反驳理由是,"未成文学说"是一个科学的体系,而"体系"这一概念无论如何不可能与柏拉图哲学的形式和方法相容,或者说"体系"对于柏拉图的"处于转变过程中的哲学"来说是一个过于严格、过于局促的界限,因此"未成文学说"是站不住脚的。然而这个反驳显然是一个"丐题"诡辩(petitio principii),即以一个预先设定的结论——"柏拉图哲学不可能是一个体系"——来证明与此不符的东西是错误的。(3)最后,施莱格尔认为,柏拉图的"未成文学说"极有可能出自他的学生斯彪希波和塞诺克拉底,但就我们对于斯彪希波和塞诺克拉底的了解而言,他们其实不怎么理解他们的老师,因此他们的记载不会提供什么关于柏拉图哲学的新的、有意思的启发。① 这个理由同样是不成立的,且不说

---

① PP, S. 366-367.

施莱格尔在这里表现出的妄自尊大(即以为斯彪希波和塞诺克拉底这两位柏拉图的亲炙弟子竟然不怎么理解他们的老师,或认为自己比这两位哲学家更理解柏拉图),最重要的是,施莱格尔看起来根本不知道,关于柏拉图的"未成文学说"的记载恰恰不是来源于斯彪希波和塞诺克拉底,而是主要来自于亚里士多德;假若他知道这一点的话,会不会还是那么狂妄地自认为比亚里士多德还要更高明呢?总的说来,施莱格尔就是用这么几条无的放矢的理由清除了柏拉图的"未成文学说",得出一个放心大胆的一劳永逸的结论:"我们通过柏拉图的著作就能了解他的真正的、真实的哲学。"① 至于这种意义上的柏拉图哲学只不过是一种"未完成的""不完满的"东西,对于施莱格尔来说也是不言而喻的。

其实,在排除柏拉图的"未成文学说"这件事情上面,施莱格尔的战友施莱尔马赫的工作要出色得多。我们前面已经指出,施莱尔马赫把柏拉图的"对话录"这一形式解读为柏拉图哲学的必然表现方式,因为对话录是对于真实的口头交谈的最好的模仿。无论是施莱格尔还是施莱尔马赫都认识到,口头交谈以及辩证法对于柏拉图哲学来说具有至关重要的地位。但和施莱格尔不同之处在于,施莱尔马赫(他显然比前者更熟悉柏拉图的文本)进而认识到了"书写"和"口传"这两个东西在柏拉图那里的矛盾和张力,因此他才发展出了一套对话录理论来解决这个矛盾。按照古代柏拉图学派的传统认识,柏拉图的对话录中的学说是"外传学说"(exoterische Lehre),而柏拉图的"未成文学说"或"口传学说"是"内传学说"(esoterische Lehre)如今施莱尔马赫的目标是要表明,柏拉图的"外传学说"和"内传学说"都包含在他书写下来的对话录之内。他的理由在于,对话录既然是对于口头交谈的完美模仿,也就必然达到了柏拉图的教诲目的,即要么让读者在内心里产生出对于理念的认识,要么至少让读者避免把自己的无知当作是真正的知识。在这个意义上,施莱尔马赫认为,当读者循着柏拉图的指导认识到理念,就领会到了柏拉图的"内传学说",而如果读者仍然固执于自己的无知,把自己的无知当作智慧,那么就是停留于"外传"的层次。因此施莱尔马赫强调道:"唯有在这个意义上,人们才可以区分'**内传**'和'**外传**',也就是说,这个区分仅仅表明了读者的一种心灵状态:是将自己提升为一个真正的内

---

① PP, S.367.

心倾听者呢,还是没有做到这一点。"①也就是说,施莱尔马赫把"内传"和"外传"的区分归结为书写著作在读者方面造成的客观效果,把"内传"和"外传"都囊括到柏拉图的书写著作里面,而不是承认柏拉图以口头传授为"内传",以书写著作为"外传"的做法。这个观点实际上已经发后来的列奥·斯特劳斯学派的先声,被改造为一种"字里行间的写作方式"(writing between the lines)。比如,斯特劳斯学派虽然不满意表面上的文字,想要追寻字面之外或"字里行间"的意思,但他们仍然相信,某些"聪明的读者"只要通过仔细认真的阅读,就会发现著作中的"微言大义",而那些"没有思想的粗心读者"只能把握到字面上的意思——这就是斯特劳斯学派所谓的"隐微教诲"和"显白教诲",这种区分无论在字面上还是就其意义而言都是和施莱尔马赫完全一致的。② 这个观点归根结底是这样一个意思(这也是施莱格尔已经明确表明的观点):著作就是全部,柏拉图的著作就是柏拉图哲学的全部。人们没有必要再去追寻柏拉图在学园内部口头讲授的"内传学说",因为这些学说本来就巧妙地蕴含在对话录之内,就看你有没有眼光把它揭示出来。实际上,施莱尔马赫认为这并不是什么难事,因为"人们在柏拉图的著作里能够足够清楚地读出他的基本原理,因此很难相信他的学生还需要别的什么口头教诲"③。

施莱格尔和施莱尔马赫把柏拉图的对话录抬高到一种绝对的和完满自足的地位,同时完全拒斥柏拉图的"未成文学说"的做法,为近代以来的柏拉图诠释打下了一个深重的烙印。这种做法一方面拒不承认柏拉图的对话录需要任何"补充"或"奠基",另一方面又认定通过对话录表现出来的柏拉图哲学是"未完成的""有缺陷的",并由此引申出一种充满失败主义气息的柏拉图评价。但施莱格尔和施莱尔马赫的诠释方法是很有问题的,最简单地说,就是他们不顾真正

---

① F. D. E. Schleiermacher, *Über Platons Philosophie*. Hamburg,1996, S.42.

② 斯特劳斯说:"这种著述不是写给所有读者的,其针对范围仅限于值得信赖的聪明读者。……通过自己的著作对少数人说话,同时又对绝大多数读者三缄其口,这真是一个奇迹。一个人何以能做到这一点呢?使这种著述成为可能的那个事实可用一个公理来表示:没有思想的人都是粗心的读者,有思想的人才是细心的读者。因此,如果一位作者只想对有思想的人说话,他在写书时就只需做到这一点:只让那些非常细心的读者察觉到书中的意义。"〔美〕列奥·斯特劳斯:《迫害与写作艺术》,刘锋译,北京:华夏出版社 2012 年,第 19 页。当然,斯特劳斯与施莱尔马赫的重大区别在于,施莱尔马赫仍然是立足于柏拉图本人提出的"书写"与"口传"的矛盾来解决这个问题,而斯特劳斯却是从他构想出的"哲学家遭受迫害"这一社会现象出发,把柏拉图的写作与近代霍布斯、斯宾诺莎等人的写作相提并论。

③ F. D. E. Schleiermacher, *Über Platons Philosophie*. Hamburg,1996, S.36.

的历史事实,把自己的哲学观念想当然地强加在古人尤其是柏拉图头上。比如在我们刚才提到的柏拉图的那几个文本里,柏拉图明明很清楚地表示他不愿意,也没有把一些很重要(甚至最重要)的学说书写下来,而是仅仅在学园内部给他的最亲密的学生(这里当指斯彪希波、塞诺克拉底、亚里士多德、特奥弗拉斯特等等)口头讲授这些学说,但施莱尔马赫偏偏要说这些学说已经隐藏在书写下来的对话录之内,可以被某些独具慧眼的读者揭秘;又比如,亚里士多德明明记载了大量关于柏拉图的"未成文学说"的重要内容,施莱格尔却睁着眼睛说瞎话,说这些记载来自于"不懂柏拉图"的斯彪希波和塞诺克拉底,而施莱尔马赫虽然承认这些记载是亚里士多德留下来的,但他在对这样记载毫无研究的情况下就武断宣称其中没有什么重要的和新颖的东西。这些观点全都不符合基本事实,因而是错误的,它们虽然促使后来的研究者转而高度重视长期遭到忽视的柏拉图哲学的"形式",但却在这件事情上规定了一个错误的方向,导致后来的柏拉图研究者仅仅满足于一个"不完满的"柏拉图,满足于各种支离破碎的、每每自相矛盾的对于柏拉图的解释。也正是在这个背景之下,20世纪50年代的德国出现了一个以克雷默(Hans-Joachim Krämer)和盖瑟尔(Konrad Gaiser)为代表的"图宾根学派"(Tübinger Schule),他们以一种历史的—批判的态度重新恢复了柏拉图的"未成文学说"在整个柏拉图哲学中的核心地位和基础地位,并从这个立场出发来尝试着揭示柏拉图的完整的哲学体系。正因如此,"图宾根学派"的基本出发点就是批驳施莱格尔和施莱尔马赫确立的"浪漫的柏拉图"诠释范式,并引发了柏拉图学界的一个旷日持久而影响深远的争论。① 与此同时我们也必须承认,"图宾根学派"的诠释范式尽管看起来在这个问题上与浪漫派的诠释范式势不两立,但前者实际上是继承了后者的这样一个基本原则,即必须从"形式"和"内容"两方面以及二者的不可分割的联系来诠释柏拉图的哲学。

除了"未成文学说"问题之外,施莱格尔的"不可知论"及"无限接近""未完成""过程中"等标签都对后人关于柏拉图哲学乃至哲学本身的理解造成了巨大影响,尤其是在20世纪这个对"理性""科学""智慧""真理"失去了信心的时代

---

① 参阅拙文《柏拉图未成文学说的几个基本问题》(载于《哲学门》2004年第一卷)及《国外柏拉图研究中关于"图宾根学派"的争论》(载于《世界哲学》2009年第5期)。

里更是如此。比如卡尔·雅思佩尔斯在其《哲学导论》中就说道："哲学的本质在于寻求真理,而不是拥有真理。……'哲学'意味着'在路上'(auf dem Wege sein)。它的提问比它给出的答案更根本,而每一个答案都成为新的提问。"① 持同样观点的还有福尔克曼-施鲁克(Karl-Heinz Volkmann-Schluck),作为海德格尔和伽达默尔的忠实学生,他操着其老师们标志性的腔调(即把许多独立的单词像羊肉串一样连在一起,仿佛非此不足以表达他们的意味深长的重大思想),说道："哲学的本质不在于持续不断地拥有知识,毋宁说它是一种'永—不—止—息—的—动—身—上—路'(unaufhörliches Sich-auf-den-Weg-Machen),是一种'保—持—在—路—上'(Auf-dem-Weg-Bleiben)。"② 不出所料,这些人把他们对于哲学本身的这种理解应用到了柏拉图身上,他们所理解和诠释的柏拉图仍然是一个"施莱格尔式"的柏拉图或"浪漫的"柏拉图,而不是一个推崇理性思考且自信真理在握的柏拉图。在这个问题上,"图宾根学派"的克雷默和阿尔伯特(Karl Albert)都专门撰写论著对浪漫派的柏拉图诠释提出了尖锐批评。③ 这个问题在很大程度上仍然是和前面所说的柏拉图"未成文学说"问题紧密联系在一起。原因在于,尽管遵循历史的—批判的诠释原则,单从柏拉图的对话录本身就能够发掘出许多反驳施莱格尔的浪漫式曲解的证据,但是"未成文学说"的加入却能够以一种更有力的、更加具有决定性的方式颠覆浪漫派的柏拉图诠释,而这也是浪漫派诠释范式的追随者始终要拒斥柏拉图的"未成文学说"的重要原因之一。浪漫派诠释范式与"图宾根学派"诠释范式之间的这场争论尚未终结,令人惊叹的是,施莱格尔在两百年前提出的许多相关思想虽然"漏洞百出""谬误丛生",但却始终散发出诱人的活力和魅力。

作者简介:先刚,北京大学哲学系,教授,代表作:《柏拉图的本原学说:基于未成文学说和对话录的研究》,北京:三联书店,2014年。

---

① Karl Jaspers: *Einführung in die Philosophie*. München, 1953, S. 14.
② Karl-Heinz Volkmann-Schluck: *Metaphysik und Geschichte*. Berlin, 1963, S. 12.
③ Hans-Joachim Krämer: *Fichte, Schlegel und der Infinitismus in der Platonforschung*. In *Deutsche Vierteljahres Schrift für Literaturwissenschaft und Geisteswissenschaft*. 62. Jahrgang, 1988. Heft 4/ Dezember. Stuttgart, 1988. Karl Albert, *Über Platons Begriff der Philosophie*. Sankt Augustin, 1989.

# 康德历史哲学与道德理性的现代性问题[①]

## ——以德国理论为视角的探讨

赵进中

## 一、引　言

近年来,德国社会科学与哲学界正在掀起一场关于公民社会历史的研究热潮。究其原因,不仅与 20 世纪 90 年代德国统一与苏联解体、东欧剧变密不可分,更可追溯至法国大革命及其引发的德国启蒙思想和人本主义理性主义思维方式的转变。西方近代从理性层面系统提出世界性公民社会理论的第一人是康德,经过黑格尔的现代国家理论、马克思的三大形态理论和共产主义理论、韦伯的社会形态理论特别是对资本主义形成发展的研究、法兰克福学派的批判理论,直到哈贝马斯的主体间交往理论、科卡的历史社会史研究,形成一条德国公民社会研究的德国思路,我们可以简称为德国线索。

德国历史经历了封建时代、君主立宪、共和时代、纳粹、民主共和、社会主义和社会国家时代。公民社会如何最终可以成为一个历史时代和历史研究的概念和目标? 这一问题显然涉及世界历史生产方式的更替和价值判断,涉及社会主

---

[①] 关于德国现代性的讨论,参见 Juergen Habermas: *Der Philosophische Diskurs der Moderne*, Frankfurt am Main, 1985.

义、社会国家或福利国家的建设方向(如消减贫富差异,建立国家社会保险,实现民主,主张理性和科学),涉及以人为本的公民权利、自然环境生态保护的人权问题,以及宗教和历史哲学问题。中国有大同世界的思想,西方有康德的世界公民理论,在今天全球化的时代,人类寻求的不应该仅仅是资本的全球化,更应是世界公民理念的全球化。

## 二、对德国公民社会理论思想元素和原理的历史考察

历史思想和历史现实不可能有线性因果关系,我们试图探讨的是更长时段的历史因果必然性。较之于历史的局部叙述,对于宏观历史的思考更为必要,当然这需要历史哲学的帮助,德国多数学者的研究[①],均证实了这一特点。法国大革命以来,德国人在哲学和社会思想上开创了一个又一个新的高度,并且形成自己独特的人本主义理性主义视角,在世界版图上创造出德国色调。我们在此仅以康德、马克思、哈贝马斯为坐标,管中窥豹。

康德的批判理论,特别是道德实践理性批判以及关于世界公民社会和世界和平的必然道路所做的深刻论述,为整个欧洲甚至世界的发展指出了方向,并且在西欧的历史发展中部分地得到证实。他认为社会历史的发展应该以人的自由和人格为基础,在此基础上,历史的发展基本出现过三种不同的政体,即"一人主政的政体、贵族政体、民主政体"。[②] 在《法的形而上学原理》中,康德首先提出了每个公民社会应该必然具有民主共和制度的特征[③],从而确定每个公民社会发展的历史线索。同时,他还提出"社会国家(Sozialstaat)"的理念,明确社会国家的基本原理和原则,即国家对公民社会的责任以及每个公民对公民社会的义务,指出公民个人的权利与义务以及同社会国家的关系。如今看来,建立这种社

---

① 如黑格尔对历史三个层面的划分,即哲学的、反思的、事件描述的,布罗代尔对历史三个时段的划分都是很好的对历史发展和历史研究的总体性界定。
② 见康德:《法的形而上学原理》,北京:商务印书馆,2002年,第173—174页。
③ 同上,第177—178页。

会关系正是欧洲近代以来人本主义包括社会主义所追求的目标,也是目前欧盟建立的精神基础和欧盟宪法的理论基础。如是才可以或可能进一步考虑超越民族国家和特定民族文化的世界公民社会和世界和平。康德不仅提出了世界公民社会发展的历史因果必然性,同时也深入探讨了它所应该具有的组织形式,即建立永久性世界各民族大联盟。无论是现实欧洲的历史发展,还是欧盟建立的内在精神与外在结构,都反映了这种联盟思想。康德把这一公民社会的形态和内在关系提升为法律原则,并从理性的高度来理解:"一个普遍、和平的、联合体的理念,是一种法律原则,它不同于博爱或伦理原则……这种权利可以称之为'世界公民的权利',即这种权利和所有民族有可能组成一个联合体,制定一些用于调整彼此交往的普适法律。"①

马克思的理论在某个历史阶段仅仅被理解为所有制之公有化的问题,但在社会结构和所有制的问题之外,马克思的人本主义历史思想还有一个自由人和自由意识的层面。马克思、恩格斯在《德意志意识形态》一书关于费尔巴哈一章中多次提到"市民社会"(die Buergerlische Gesellschaft),认为新兴无产阶级只能作为世界历史性的存在,社会主义也只能是世界历史性的存在。马克思把"市民社会"同"自由人的社会"区分开来,把市民同无产阶级以及市民社会的思想同马克思的世界观或马克思主义区别开来。他把市民社会定义为18世纪以来的以"物的依赖性"为基础的一种生产和交往的社会组织形式,一种从古希腊和中世纪发展出来的私有财产的关系,其主导力量是资产阶级(Bourgeoisie)。②市民社会在他看来属于人类社会发展的物的依赖的阶段,属于前社会主义和共产主义社会阶段,前自由人阶段。公民社会的成熟阶段因此应该属于自由人的阶段,属于成熟的社会主义和共产主义阶段。

哈贝马斯从人的主体间的社会交往性以及因此导出的社会结构的角度对公民社会的构建提出了自己的理论和实践方案。哈贝马斯在研究德国历史,特别是纳粹和冷战历史的背景下,同时也在法兰克福学派的学术思想影响下,特别是

---

① 见康德:《法的形而上学原理》,北京:商务印书馆,2002年,第189,192页。
② 《马克思恩格斯全集》德文版第三卷,(*Karl Marx:Friedrich Engels Werke*,Band 3,Dietz Verlag Berlin,1981)第36页。

继承了韦伯的社会分析理论,提出了自己的主体间的交往理论(Theorie des kommunikativen Handels)。他反对德国历史主义的观念,主张世界统一的人权观念和民主交往的普遍性本质。如果把哈贝马斯的国际政治设想同康德的"世界公民社会"、黑格尔的世界历史的"普遍国家",以及同马克思的"人的社会和社会的人"等历史发展阶段联系起来看,就会发现他们都在尝试揭示世界公民社会的基本特点。哈贝马斯的重点在于世界公民社会的政治结构和价值观的问题。他继承了德国先贤的思想传统,又提出了自己的公民社会理论;他不但试图解决德国的历史问题,特别是纳粹问题和战后重建问题,而且有意选择当代全球化趋势和哲学话语中的现代性这个语境来进行思考。[①]

在公民社会的世界政治结构的建立和价值观的趋同当中,哈贝马斯同时提出了涉及公民社会的几个重要的内在关系。首先他论证了构建公民社会的基本条件和内在逻辑关系,他认为,公民社会的条件和本质:"以一种普遍扩展的讨论性交往为前提,所有可能的参与者都能够对出现问题的抽象观念和行为方式提出有理有据的设想意见,才有可能构建最大程度上的个人看法与所有他人看法交流的主体交往间性。这种非派性的立场超越了参与者个人观点的主观性,而又不失去同参与者表达立场观点之间的联系。"[②]显然哈贝马斯认为从国家国际间的交往到国家内部的国家机器同公民主体之间的交往,以及最终是人与人的交往都应该采取协商讨论的方式,非暴力的、非强权的协商讨论交往方式应该是处理一切人与人之间关系的根本基础,这也是社会发展的最高境界。

德国当代著名史学家科卡(Juergen Kocka,柏林自由大学教授,前国际史学会会长)认为:"公民社会首先是一种典型的社会交往形态。它因此表现出:a. 这一社会是建立在理解和妥协的基础之上,尽管这里存在着多样化和普遍的冲突;b. 它强调个人的自主性和社会的自我组织;c. 承认多元化和差异性为正常状态并且根据相互承认的原则给予其存在的空间;d. 以非暴力的(文明的)方式处理事务,并且 e. 侧重于相互交往行为,这种交往行为要超越涉及公共领域的

---

① 参见哈贝马斯:《现代性的哲学话语》,南京:译林出版社,2004年。
② 《哈贝马斯在华讲演集》,北京:人民出版社,2002年,见该书德文版部分(Vortraege von J. Habermas in China)第68页。

个人经历和利益,因此在内容上也可能区别于'普遍富裕'的观念。目前这一对公民社会交往行为的描述使之区别于其他社会交往的方式,即区别于暴力斗争,区别于市场交换,区别于逻辑化的等级制度结构的关系,也区别于私人领域的交往(即表现为直接的关系,首先是情感联系和小空间领域)。"①2007年3月30日在北京大学德国研究中心的报告中,科卡又进一步描述了公民社会的关系,认为德国最近五六十年的历史,可以理解为一段逐步实现公民化(Verbuergerlichung)的历史。

综合以上,我们可以总结出公民社会是:(1)以公民个人主体自由意识和公民人身自由为基础(人的自由、尊严、人格),(2)以公民个人自由、微观公民社会(公民的自由联合体)、宏观公民社会(社会国家的政治与经济结构)三者为互动结构体系,(3)和平民主交往的社会形态。公民社会是上述三个层面或元素不同程度地相互渗透、相互作用所构建的社会生活领域和社会形态。这三者相互渗透融合的程度越高,人类社会发展的程度就越高,社会就越趋向以人为本,就越趋近人的本质,社会就越会和谐发展。根据公民社会现实和观念的广度和深度,公民社会具有不同的历史发展程度和历史阶段性。但显然在整体上,公民社会是人类历史发展的较高级阶段。因此它既是现实的,同时也是理想的一种高级的社会存在。从近代以来的历史发展看,西欧、东欧以及欧盟,包括中国的近现代史是以历史发展的多元性和非同步性步入世界公民社会发展轨道的,当然这也是研究全球化进程以及世界现代性的另一个重要维度。

## 三、西方视域中的道德和理性问题

在德国每一次重大历史事件中,道德理性问题都首当其冲。道德理性可以为科学打开思维的角度,如马克思的社会科学思想是建立在对资本主义人之异化的批判之上,因此马克思主义应该是人本主义的马克思主义;马丁路德的宗教

---

① 鲍尔康博:《公民社会的历史实践》[Arnd Bauerkaemper(Hg.):*Die Praxis der Zivillgesellschaft*, Frankfurt, 2003],第434—435页。

自由的学说是建立在对上帝的最纯净信仰和对罗马教皇的道德批判之面;对纳粹批判的根据也建立在对普遍人权、公民权利的反思之上。因此,战后联邦德国宪法的第一条就是,承认每个人的人权不可侵犯。在人文社会科学中,特别是在历史学中,道德和理性的纽带是不可分割,道德价值判断是理性认识的基础。

关于理性概念的讨论在西方可以追溯到古希腊罗马哲学、中世纪宗教哲学、宗教改革思想、近代文艺复兴的人本主义思想、启蒙运动的理性,直至马克思主义和后现代。理性问题还涉及人本主义理性主义同人本主义经验主义的对立,理性结构主义与文化相对主义和历史主义的对立、康德的主体意识、黑格尔的理念、费尔巴哈的人的本质、马克思的实践理性、韦伯的理性化、波普尔的批判理性主义以及证伪理论、法兰克福学派的理性主义批判、施本格勒文化历史主义想象,更可追至赫尔德、洪堡、狄尔泰、尼采、胡塞尔、维特根斯坦、海德格尔、库恩、哈贝马斯等等德国思想家的思想。① 这是西方理性发展的外在形态,对了解西方哲学、历史哲学必不可少。西方理性的本质是西方理性思维训练出的一种特有的有生命的文化心灵和道德取向、思维能力。西方的理性思维能力是西方特有的,它带有西方文明历史发展的独特性和特殊取向,西方理性体系是从西方文明的基因生长出来的。这种理性的抽象思维能力的直接表现则是整个西方特有的哲学体系,它构成了西方文化或文明的基础。

康德哲学提出了哲学认识论和历史认识论的基本问题,即人类认识的限度、认识的主体性、人的自由理性的认识特点。人们所认识的客体都离不开认识主体,人们不可能认识的客体是存在的,但它是不可知的。后来哲学和历史哲学中的康德主义和新康德主义的讨论都是源于康德哲学的这一基本议题。从康德的

---

① 约尔根·米特斯特拉斯:《哲学和科学理论百科全书》[Juergen Mittelstrass (Hg.); *Enzyklopaedia Philosophie und Wissenschaftstheorie*, Band 3, Verlag J. B. Metzler Stuttgart, Weimar. 1995],第462—483页,第518—526页;尤阿希姆·里特尔和卡勒弗里德·根德尔(主编):《哲学的历史辞典》[Joachim Ritter und Karlfried Gruender (Hg.): *Historisches Woerterbuch der Philosophie*, Schawabe AG-Verlag, Basel 2007];爱德华·卡克:《哲学百科全书》第八卷,[Edward Craig(General Editor): *Encyclopedia of Philosophy*, Volume 8, Darmstadt,1992, London and New York,1998],第75—103页;克里斯托夫·劳爱德:《社会史的解释》(Christopher Lloyd: *Explanation in Social History*, UK,1986)。

历史哲学到黑格尔的历史哲学,到马克思的历史哲学、韦伯的历史哲学[①],可以看出,德国历史哲学和历史研究的人本主义自由理性的特点,他们对不同文化、文明、历史的比较研究,对世界历史的整体性和各个文化方式的把握方式,充分地体现了"浮士德式"的理性"生命"的展开(借用施本格勒的概念)。

  从整体看,理性有三个重要层次:先验理性、人本主义理性、工具理性。先验理性主要来自康德的概念,它是一种抽象的人格,是人所具有的绝对超越时空的、在经验之先的道德命令,它有柏拉图的"共相"和亚里士多德的"形式"以及中世纪以来的"上帝"概念的特点;人本主义理性是西方现实人格的发展,特别是古希腊、文艺复兴、启蒙运动以来人本主义发展出的理性意识;工具理性则特别表现在启蒙运动以后资本主义工业化和现代化的时代精神,表现为英美经验主义和实用主义以及部分的结构主义和结构功能主义之中。西方不同的理性存在既具有历史时空的形态,也具有一种超越历史时空的永恒存在的因果必然性。这三个理性层面的关系如下:先验理性是理性决定性层面,也是人之所以存在的最根本层面,它具有超时空性。人本主义理性是现实的人的层面,它是先验理性通向工具理性之必然桥梁,它不应以工具理性为转移。恰恰相反,工具理性应以先验理性和人本主义理性为转移,人本主义理性是现实的人的生命和人格存在的基础和保证,否则人就会失去现实生活的基准和方向,就会出现人的异化。工具理性即知性层面,是先验理性规范下的外化、物化,是人们生存的手段和客观依托,它的趋向是科学化、理性逻辑化、计算化、结构功能化。如果颠倒了这三种理性的位置,世界历史就会出现生命摧残,人格异化,道德颠失和美的丑化,就会出现灭绝人性的世界大战和自然环境的巨大破坏。正如哈贝马斯在总结韦伯思想时精辟地说道:"物化问题与其说是源于为了自我捍卫而走向极端的目的理性,与其说是源于已经失去控制的工具理性,不如说是源于以下方面:即已经释放出来的功能主义理性对交往社会化过程中所固有的理性要求视而不见,从而

---

  ① 参见埃里克·霍布斯鲍姆:《韦伯和马克思。一个评价》[Eric. J. Hobsbawm: *Weber und Marx. Ein Kommentar. In: Max Weber, der Historiker*, Juergen Kocka(Hg.), Vandenhock & Ruprecht, Goettingen, 1986],第84—89页。

使生活世界的合理化付之东流。"①

　　人之存在的先验理性,向善、向美的理性,决定了人的善良人格的取向,确定了人格修养的方式和历史评价的价值体系。建立现代世界公民社会,必须以承认这些方式和体系为前提。这也是道德理性的必然结果。人通过人本主义理性熔炉的锻造,就会确立人本主义理性的人生观、价值观、历史观,从而才有可能对历史进行反思,做出正当评价,并对历史现实做进一步善和美的符合人性和人格的创造和改造。否则,人就会完全为工具理性和实用主义目的所左右,成为无源之水、无本之木,它也就必然会蔑视人格、人性,把人作为客体、物体,就会根据工具理性的目的或意识形态对人性和人格进行任意的宰割,成为洪水猛兽。德国纳粹主义本质上就是对德国人本主义理性主义的异化,这是理性异化历史的一个典型例证。先验理性同人本主义是不可分割的,是应然和必然的关系。先验理性和人本主义理性应该和必须对工具理性进行控制、引导。工具理性不能侵占先验理性和人本主义理性的位置,这一点应该绝对确定的。对于历史发展来讲,它关系到对未来世界历史的人本主义的塑造道路问题。人类历史发展的最终根据必然是性本善的、生命的、自由的,这就是先验理性和人本主义理性对历史和历史研究的全部意义,也是决定性意义。

## 四、世界公民道德理论的方向

　　从德国启蒙时代康德的人本主义理性主义到二战前尼采的生命哲学再到二战后世界公民社会道德理念的确立,世界历史再次向人本主义理性主义复归。西方形而上学的人,是以先验理性、人本主义理性、工具理性或目的理性构成的三角形为活动空间,尼采的超人概念是以现实生命、强力意志、艺术创造构成的三角形为活动空间。后者是对前者的一个颠倒,形成鲜明的对立。尼采哲学对一切价值的重估,正是指向希腊和康德以来的人本主义的理性主义。世界历史在循

---

① 哈贝马斯:《交往行为理论》第一卷,上海:上海人民出版社,2002年,第381页。

环往复,每个时代都有自己的时代问题和时代精神,但世界公民社会的人本主义理性主义应该是当今世界历史发展的趋势,也应该是贯穿人类历史的核心价值。因为任何其他的价值观,尽管造就了时代的英雄,却都导致了人类的巨大灾难。

  世界公民社会的道德体系,是在对世界历史发展反思的基础上提出的全人类社会行为的现代道德准则。它不直接规定具体的道德规范、风俗习惯(如教徒必须交赎罪券,但路德只求因信称义),不评价一个人是否应该爱上两个异性或同性恋的道德问题(女性有被乱石砸死和被家族处死的习惯法,纳粹对同性恋的迫害),不直接参与制定各国的宪法和法律。不具体讨论历史时空中的社会结构及其特定性,不追求绝对公有制(比较20世纪苏联东欧体制和列宁的新经济政策),不去命令每个人都必须站在哪个政治党派(如纳粹或苏式共产主义),不从阶级阵营出发(二战后的冷战,麦卡锡主义,斯大林的肃反,"文革"造反派)。它有超越宗教派别,当今特别是基督教与伊斯兰教教派的冲突,超越两极性的意识形态和社会制度,超越日常生活的特殊文化取向。世界公民道德是从抽象道德理性的人本主义的角度去探索人类普遍交往的道德准则,国际间交往的普遍认同性、和平性、和谐性的理性基础,为世界公民社会的创造实践做心灵结构的准备。不言而喻,世界公民的道德体系对各民族的日常生活道德仍具有决定性的规范和指导作用。在这一方向的研究和实践中,如邓小平"解放思想"和"改革开放"的理论与实践以及哈贝马斯的主体间交往理论为我们提供了崭新的思路和实践方向。从德国历史哲学的角度上看,康德、黑格尔、马克思、韦伯、尼采、海德格尔、法兰克福学派,包括哈贝马斯的道德理论为世界公民社会的道德研究提供了深刻坚实的思想基石和可能的研究方向。同时我们还应该研究世界历史上各民族从古至今在哲学、宗教、宪法、习俗之中对善、正义、德行的探讨和理解,包括基督教、佛教、伊斯兰教、道教、儒学等对善和爱的观念意识。并借鉴和探讨各国民主性宪章法律、人权宣言,以及欧洲"社会国家"、联邦德国宪法和欧盟宪法、联合国宪章等等优良的人权理论及其实践进程,包括东方中华文明传统中老子和孔子的道德与仁爱学说。新的世界公民社会的道德体系,不是西欧和中国封建主义的,也不是西方资本主义或苏联东欧式社会主义的,它是在此之后超越以往任何社会形态的新的道德体系。世界公民社会目前的生产方式是：经济基础应该是社会市场经济，上层建筑应该是社会民主制度，每个人的生命、自由、人格是这种生产方式的基础。对于世界公民来说，世界公民的道德本质不具有法律或国家意识形态的外在强制性，它是每个人的生命、自由、理性、人格的内在自然。

与爱因斯坦齐名的德国大物理学家、量子力学的奠基人马克斯·普朗克提出了两个关于道德研究问题的思路也很重要。其一是道德的世界性和人生的根基；第二是世界哲学，即世界因果必然性以及对其的信仰。这些都为世界公民道德的思考和构建提供了良好的思路。普朗克认为诚信和公正可以体现道德，但道德最终是这样的"世界哲学"的东西，即："这种所有是纯洁的心及善良的意志。这便足以在生活的狂风暴雨中安身立命，这是任何真实满意的行为底下的基本条件，亦是避免悔恨痛楚的绝妙防护。这是一切纯正科学的要件，亦是用以测量每个人的伦理价值的确实标准。那些永远苦斗的人，我们能够救助他们。"①

可见，"世界哲学"、善的理性、道德哲学不是各派宗教和各种意识形态，它是人们普遍安身立命的基点，是我们寻求世界公民社会道德体系的一个元点，也是我们一切认知科学的基础。孔子也曰："里仁为美，择不处仁，焉得智？夫仁，天之尊爵也，人之安宅也。莫之而不仁，是不智也。不仁，不智，无礼，无义，人役也。人役而耻为役，由弓人而耻为弓，矢人而耻为矢也。如耻心，莫如为仁。仁者如射，耻者正己而后发。发而不中，不怨胜己者，反求诸己而已矣。"②

道德是一个有方向的能量，如同电子一样，它穿梭于哲学理性、信仰和日常生活心灵之间，它生成，也衰变，服从普朗克的热力学第二定律，又符合海森堡的测不准定理与爱因斯坦的相对论，即道德在哲学理性、信仰、日常心灵时空中运动的不确定性和相对性。它也如莱布尼兹的单子，具有"上帝"的精神性。但从内在本质上讲，道德是人之本性，具有理性精神和因果必然性。它是老子之"自然"的"是"（Sein），"如来"，也是实事求是的"是"，更是决定一切运动规律和行为准则的"是"。它既有海德格尔的"是"（Sein），即本真的意义，也有亚里士多

---

① 哈贝马斯：《交往行为理论》第一卷，上海：上海人民出版社，2002年，第23页。
② 《四书五经》，吉林：延边人民出版社，2008年，第151页，见《孟子·公孙丑章句上》。参见 Die Lehren des Konfuzius, Frankfurt am Main, 2009, S.760.

德的"形式"的意义,即它"是"(Sein)与"它是"(Dasien)的统一。整个世界的历史都是从自然与生命出发,经过现实历史社会向道德存在中心点的趋向和趋近,世界历史现象是这一生命动态趋近的表现;从历史发展的时空性上看,现代世界公民的道德体系不过是这一趋近过程的一个更高阶段而已。

从康德的"我从哪来,我是谁,我向哪去",到马克思"人的依附、物的依附、自由人的三大阶段"可见,每个人的生命和每个人的自由是除了神以外是目前人类所能够理解认知和确定的道德之两大核心。老子有曰,是以万物莫不尊道贵德。放眼全球,世界公民道德体系是人类追求道德的一个更为高级的历史进程。特别是在世界公民的社会中,道德应该是人的生命意志所唯一必须追求和信仰的最高目标,也是理性必然遵循的最后根基。在哲学内涵上,普遍的道德是"先验命令"的心灵,也是因果必然性的最高形式;无论在过去、现在还是未来,它都是实现世界公民理想至关重要的一环。

作者简介:赵进中,北京大学历史系,副教授,代表作:《"世界公民"之路——德国,公民权利发展的历史主线》,北京:北京大学出版社,2008年。

# 库登霍夫-卡莱基家世、成长地考

## ——兼论德意志浪漫主义文化对"泛欧"联合思想的影响

### 李 维

**内容提要**：本文首先从家世和成长地两个方面考察库登霍夫-卡莱基身上的德意志民族文化属性，进而论述歌德，尤其是尼采思想中美的原则对卡莱基"超道德"价值体系建构的启发，从而阐明德意志浪漫主义文化如何深刻地影响了卡莱基保守主义的、反民主的"泛欧"思想。

**关键词**：卡莱基  超道德  德意志浪漫主义文化  泛欧思想

第一次世界大战之后，出现了众多欧洲联合的鼓吹者和推动者。其中，以奥地利人里夏德·尼古拉斯·库登霍夫-卡莱基（Richard Nikolaus Coudenhove-Kalergi）倡导的"泛欧"思想最具有代表性，他领导的"泛欧"运动也最具影响力。①卡莱基是20世纪最伟大、最重要的欧洲联合思想家之一，被西方学者称为"现代

---

① 库登霍夫-卡莱基是姓，下文简称卡莱基。卡莱基是奥地利政治家、政论家。1894年11月16日生于日本东京，1972年7月27日卒于奥地利福拉尔贝格州的施伦斯。卡莱基在波希米亚成长，在维也纳大学学习哲学和历史，1917年获博士学位。1919年，奥匈帝国战败、解体后，他成为捷克斯洛伐克公民。1923年，出版《泛欧》一书，由此发起"泛欧运动"，其目标是建立联邦制的"欧洲合众国"。1926年，卡莱基在维也纳主持召开第一届泛欧大会，当选为"泛欧联盟"主席。纳粹德国吞并奥地利后，卡莱基于1939年移民法国。1940年移居美国，1942年任纽约大学历史学教授，在美国继续宣传欧洲联合思想。1943年建立"泛欧联盟"流亡机构，1944年成立"自由、统一欧洲委员会"。第二次世界大战结束后，卡莱基重返欧洲，1947年建立"欧洲议员同盟"。1950年，卡莱基荣获德国亚琛市卡尔国际奖。1952年当选为欧洲运动主席。代表作有《泛欧》等。Vgl. Walther Killy ( Hg. )：*Deutsche Biographische Enzyklopädie*, Bd. 2, München, 2001, S.385.

欧洲联合思想之父"。①

长期以来,卡莱基的"泛欧"联合思想与其家世间的密切联系,一直是国内、国际学界关注的重要问题。卡莱基出身欧洲名门贵族家庭,其祖先迁徙的足迹几乎遍布整个欧洲,这无疑强化了卡莱基身上的"欧洲"特性。② 但与此同时,学界忽视了家世、家庭对卡莱基带来的民族文化影响。任何"欧洲"思想都离不开民族文化的滋养、熏陶和影响,"欧洲"特性既是对民族特性的超越和升华,同时也是对民族特性的继承和传扬。本文将从家世和成长地两个方面来考察卡莱基的德意志民族文化属性,并进而说明德意志浪漫主义文化对其"泛欧"思想的深远影响。

一

卡莱基的姓氏全称是库登霍夫-卡莱基。库登霍夫和卡莱基分别是两个独立的姓氏,各自代表着欧洲的两大贵族家族。几个世纪以来,随着政治风云的变幻,这两个家族在欧洲颠沛流离,天各一方。直到卡莱基的祖父母辈,他们才因通婚联系一起,其生活的轨迹最终指向了奥匈帝国的德意志地区。毫无疑问,小卡莱基是在德意志地区成长起来的,他的身上具有鲜明的、无可改变的、不可磨灭的德意志文化属性。

库登霍夫家族是哈布斯堡王朝的支持者和追随者,世代称臣于哈布斯堡王朝统治下的荷兰、比利时和奥地利宫廷,属于政治上极为保守的贵族。库登霍夫家族早期是荷兰南部北布兰班特省的封建贵族,其家族的历史可以追溯到11世纪。当时,库登霍夫兄弟加入贵族骑士团,参加了第一次十字军东征。③ 16世纪

---

① Jürgen Elvert: *Mitteleuropa! Deutsche Pläne zur europäischen Neuordnung* (1918-1945). Stuttgart, 1999, S.7.
② 陈乐民:《"欧洲观念"的历史哲学》,北京:东方出版社,1988年,第198页。卡莱基的母亲是日本人,这一点更加深了学者们对卡莱基作为一个"欧洲人"和"世界人"的印象,参见:Ralph White: *The Europeanism of Coudenhove-Kalergi*. In: Peter M. R. Stirk (ed.): *European Unity in Context: The Interwar Period*. London, 1989, p.24.
③ Richard N. Coudenhove-Kalergi: *Crusade for Pan-Europe*. New York, 1943, S.11.

下半叶至 17 世纪上半叶,荷兰爆发了反对西班牙统治者的独立战争。在战争中,库登霍夫家族支持哈布斯堡王朝,维护西班牙对荷兰的统治。① 荷兰获得独立后,库登霍夫家族被迫迁入比利时的弗兰德尔地区,18 世纪下半叶成为神圣罗马帝国的领主伯爵。② 到 18 世纪晚期,法国革命的风暴席卷了比利时,哈布斯堡家族的势力被逐出比利时,库登霍夫家族也辗转来到了奥地利。③ 德国著名诗人歌德曾巧遇逃亡中的库登霍夫伯爵夫人。他在《法兰西战役》一书中,盛赞了伯爵夫人的才智与美丽。④ 库登霍夫伯爵夫人的儿子,也就是卡莱基的曾祖父,曾出任奥皇储的侍卫副官、奥国将军。卡莱基的祖父弗兰茨·库登霍夫是奥国的外交官。⑤ 凭借其特殊身份,特别是几百年来与哈布斯堡王朝同呼吸、共命运的密切关系,库登霍夫家族一直是欧洲的名门贵族。

卡莱基家族系拜占庭帝国弗卡斯王朝的后裔,也是欧洲的名门望族。公元 10 世纪,拜占庭皇帝奈塞菲雷斯二世从阿拉伯人手中夺得克里特岛,并派遣皇族到那里进行殖民统治⑥,卡莱基家族即守岛皇族的后裔。此后,克里特岛的卡莱基家族分裂成为两支。一支到了威尼斯⑦,另一支留在克里特岛,成为抗击土耳其入侵的政治领袖。18 世纪,克里特岛上的卡莱基家族成员因为密谋推翻土耳其人的统治被迫流亡俄国,成为沙皇叶卡捷琳娜二世麾下的战将。通过与俄罗斯上流社会的通婚,卡莱基家族的地位不断加强。玛丽·卡莱基伯爵夫人是 19 世纪欧洲社交界的名人,她结交法兰西帝国皇帝拿破仑三世、德意志帝国皇帝威廉一世和首相俾斯麦等皇室权贵,她还资助身陷困境的艺术家,德国著名音乐家瓦格纳为她著文,匈牙利著名钢琴家李斯特为她献曲。玛丽·卡莱基伯爵夫人膝下仅有一女,嫁与奥匈帝国外交官弗兰茨·库登霍夫。通过这次联姻,卡莱基家族的成员成为奥地利的贵族,其后嗣的生活基本定格在奥匈帝国的德意

---

① Richard N. Coudenhove-Kalergi: *Ein Leben für Europa*, Berlin,1966, S. 20.
② Richard N. Coudenhove-Kalergi: *Crusade for Pan-Europe*, S. 11.
③ Richard N. Coudenhove-Kalergi: *Ein Leben für Europa*, S. 20.
④ Ebd. , S. 21.
⑤ Ebd.
⑥ Richard N. Coudenhove-Kalergi: *Ein Leben für Europa*, S. 22.
⑦ 16 世纪,威尼斯的卡莱基家族成员参加了抗击奥斯曼帝国的勒班陀海战,因作战英勇受到表彰,并得以与威尼斯最高统治者——威尼斯总督联姻,同上注。

志地区。①

　　作为弗兰茨·库登霍夫的长子,海因里希·库登霍夫-卡莱基承袭了父亲的外交官职业。1892 年,海因里希出任奥匈帝国驻日本东京公使。他在这里与日本女子青山光子成婚。为了爱情婚姻,海因里希牺牲了自己的事业,放弃了外交官的职业生涯。因为奥匈帝国政府无法想象,一位本国的白人公使带着异国的黄种人妻子出使国外。光子也丧失了家庭财产继承权,因为父亲极力反对女儿远嫁欧洲,甚至为此断绝了父女关系。即便如此,海因里希和光子夫妻恩爱,感情日笃。1894 年 11 月 17 日,他们的第二个儿子里夏德·库登霍夫-卡莱基出生了。②

　　1896 年春,1 周岁多的里夏德·库登霍夫-卡莱基与父母一起回到了小城隆斯贝格。该城位于西波希米亚(今捷克),多马日利采市以北不远,原属于波希米亚的德意志人地区。在这里,海因里希继承了一份家族遗留下来的祖产——隆斯贝格宫,过起了安逸、闲适的贵族地主生活。海因里希还拥有一座专门用来狩猎度假的迪安纳宫,就在德奥边界附近。他们一家人经常穿越边境,到对面的德国巴伐利亚森林里去散步。隆斯贝格城拥有约 2000 居民,大部分居民是说德语的德意志人。还有一少部分捷克人,也说带捷克口音的德语。尽管从隆斯贝格往南走 5 公里就是捷克语地区,但是小卡莱基很少去那里。③ 他是在德意志文化地区成长起来的,他的母语是德语。后来,卡莱基在德、奥完成大学学业④,绝大部分著作、文章用德语发表,他的"泛欧"联合思想在德语区拥有广泛的社会影响。虽然卡莱基在一战后加入捷克国籍,后因纳粹吞并捷克逃到法国,又成为法国公民,再后流亡美国,但是他身上的德意志文化属性始终没有改变。

---

① Richard N. Coudenhove-Kalergi: *Ein Leben für Europa*, S. 23.
② Coudenhove-Kalergi: *Eine Idee erobert Europa*, Wien 1958, S. 25.
③ Richard N. Coudenhove-Kalergi: *Ein Leben für Europa*, S. 39.
④ 在维也纳大学的档案馆里,至今仍保留着卡莱基的入学登记卡,在母语一栏中,有他亲笔填写的"德语"字样。Vgl. Archiv der Universität Wien, 379, 389, 398, 415, 419.

## 二

卡莱基自幼受到德意志浪漫主义文化的影响,在其早期哲学思想中,具有鲜明的浪漫主义文化特征:他反对启蒙运动,崇信源于自然的、原始的审美原则,主张作为个体的人的张扬等。在此基础上,卡莱基形成了反民主的、保守主义的思想政治观念,并对其日后提出的"泛欧"联合主张产生了极其深远的影响。

在建立新的价值体系方面,卡莱基首推启蒙运动晚期的德国诗人歌德和19世纪德国哲学家尼采。"歌德是信奉宗教的,尽管他自己不是基督徒,但他相信价值。尽管他自己不是道德伦理学家,但他是一种新宗教、新道德的预言者。这个宗教是泛神论的,道德是美学的。"在卡莱基看来,歌德是个建设者,是"启蒙运动的正极"。因为"他用创新取代批判,用宗教战胜怀疑,用理性的启蒙战胜非理性的启蒙"。相比之下,法国启蒙思想家伏尔泰是个破坏者,是"启蒙运动的负极"。虽然他抨击了天主教会的黑暗,但是未能建立起新的价值体系。① 在价值观创新方面,卡莱基首推哲学家尼采,盛赞他是"后基督教学说的创立者"。卡莱基认为,尼采从根本上改变了道德的价值基础,他把基督教道德的神学基础转换成活生生的、人的生命,在此基础上创建了美的价值体系。"尼采尊崇的不再是圣人,而是英雄;不是悲天悯人者,而是勇敢者;不是善良的人,而是高尚的人;不是好人,而是贵族。他用人的美学理想代替了人的道德理想。"因此,卡莱基盛赞尼采是"哲学上的哥白尼,道德伦理学上的哥伦布"。② 在他心目中,歌德和尼采是欧洲精神革命的领袖,他们为建立欧洲未来的宗教、思想价值体系奠定了基础,为拯救、更新欧洲的文化做出了杰出的贡献。

受到尼采哲学的启发和影响,卡莱基试图构建一种所谓"超道德"的思想价值体系。他认为,在基督教道德衰落后,应该有一种新的思想道德来替代它,新

---

① Richard Nikolaus Coudenhove-Kalergi: *Krise der Weltanschauung*. Wien, 1923, S. 24.
② Ebd., S. 26.

道德的价值体系和评判标准应当顺应时代进步的潮流,反映社会发展的要求。它应该是科学的,而非愚昧的,是理性的,而非感性的,这就是所谓的"超道德"。卡莱基进而解释道,"超道德"的目标是"美",是向着"美"去"发展"。美是活力,是和谐,是支配宇宙万物的普遍规律。① 对"超道德"的认识是三重的:既是上帝的,也是自然和人的。受荷兰哲学家斯宾诺莎的影响,他认为,上帝是不关心道德问题的。上帝创造世界的时候,没有考虑到善与恶、幸与不幸的问题,否则世间就不会有野兽、疾病和可怕的灾难。事实上,上帝的原则是美的原则。大自然的盎然生机很好地说明了这一点:"自然只有一种指令,那就是美的指令。它命令鲜花,开放!它命令树木,成长!它命令动物,繁殖!所有的生物,都要美,要强大,要发展。达到某种特定的美是所有生物的最高责任。"②同样,卡莱基认为,作为宇宙和自然中的人,首先追求的是"超道德"的原则。特别是从人的本能来看,人追随的是宇宙万物生存、发展的法则,道德是第二位的。人类社会无处不体现着"超道德"的原则。历史上的伟人、英雄、天才、智者都是"超道德"的化身。古罗马的恺撒、近代德国的歌德等都不是圣人,而是"超道德"的杰出代表。卡莱基还指出,民众都有自觉、不自觉地按照"美"的原则尊崇辉煌、奢华的倾向,他们被美的事物所鼓舞、所震撼,这种美学动力是王朝统治千百年来得以延续的主要原因之一。"超道德"的理想和精神,例如对荣誉、尊严、统治、权力的追求和向往,是世界历史发展的重要动力。③

"超道德"的思想反映了卡莱基对现代西方文化的失望和不满。他梦想着发明一种后基督教时代的道德价值体系,来阻止欧洲道德的衰落,挽救欧洲的命运。正是从这些哲学观念出发,卡莱基运用逻辑推理,逐步引申出"新贵族"的政治理念。他认为,既然"美"是自然、社会的基本法则,那么,在人类社会中,自然应该由少部分强者来统治大部分弱者,而且也只有这少部分强者才会真正信奉、拥有、遵循"超道德"的观念。就像古代的贵族和骑士,他们的理想是超道德

---

① Richard Nikolaus Coudenhove-Kalergi: *Krise der Weltanschauung*. Wien, 1923, S. 37.
② Ebd., S. 33.
③ Ebd., S. 47.

的、浪漫的,追求的是唯美精神。① 卡莱基还发现,现代市民社会是反其道而行之的:市民的理想则是道德的、现实的,追求物质利益的。② 在这样一个看似"道德"的社会中,多数弱者统治着少数强者,完全违背了"美"的自然、社会法则。在他看来,非物质化的、少众的、专制的、唯美的古代社会,是与物质化的、大众的、民主的、唯利的现代社会相对立的。而前者无疑更能体现"美"的原则,更符合"超道德"的评价标准。因此他相信,如果欧洲想完成自我救赎,就必须摒弃现代的"唯物主义"和"玩世不恭",在精神上大力弘扬"超道德"。同时,在政治体制上用少数人的专制取代多数人的民主制。③ 卡莱基所说的少数人专制不是简单地复辟古代的贵族统治,而是对现代民主制的超越,属于后现代社会的政治体制。

卡莱基保守的"新贵族"政治观,对其"泛欧"联合的理论与实践都产生了重要影响。在理论方面,卡莱基对"泛欧"前途的认识是非民主的。早在"泛欧"运动伊始,卡莱基就号召:"欧洲大陆上的所有民主国家在政治、经济上统一起来,建立一个强大的、有生命力的联邦制国家。"④但这并不等于说,"泛欧"联合的政治内涵是西方自由主义、民主主义的。事实上,卡莱基对民主制仅仅采取了"合作"的态度。⑤ 在他看来,既然一战后欧洲大部分国家的民主派赢得了胜利,那么就只能承认现实,在此基础上先联合起来,因为总不能"在欧洲各国发动战争,推翻资本主义民主制度,然后再搞欧洲联合"。⑥ 对于"欧洲合众国"的未来,卡莱基从不认为是民主主义的。相反,他强调:"我对精神贵族的前途和必要性的看法没有改变。"⑦在"泛欧"联合的实践方面,卡莱基同样对联络欧洲的保守势力情有独钟。卡莱基标榜"泛欧"联合是"超党派"的⑧,"是一项外交方案,它

---

① Richard Nikolaus Coudenhove-Kalergi: *Ethik und Hyperethik*. Leipzig, 1923, S. 152.
② Ebd.
③ Richard Nikolaus Coudenhove-Kalergi: *Krise der Weltanschauung*. Wien 1923, S. 75.
④ Richard Nikolaus Coudenhove-Kalergi: Das Pan-Europa-Programm. In: *Paneuropa*, 1924, Heft 2, S. 3.
⑤ Kurter Hiller contra Coudenhove: Zwei offene Briefe. In: *Paneuropa*, 1927, Heft 7, in: AA R96462, S. 18-19.
⑥ Ebd.
⑦ Ebd., S. 18.
⑧ R. N. Coudenhove-Kalergi: Briand Vorschlag und Deutschland. In: *Paneuropa*, 1927, Heft 7, in: AA R96462, S. 13.

不涉及党派利益"。① 为了争取广泛的支持,卡莱基既与民主国家合作,又寻求法西斯独裁国家或其他专制国家的支援。他既结交法国外长白里安、英国首相丘吉尔,又成为意大利"元首"墨索里尼和奥地利首相陶尔菲斯的座上客。② 无论是民主派,还是大独裁者,只要有利于"泛欧"联合的事业,卡莱基都积极联系。③ 即便如此,卡莱基在"泛欧"联合的实践中,还是逐渐地、不可避免地暴露出自己的政治倾向。在政治上,他最终与欧洲的保守派意气相投,走到了一起。二战期间,卡莱基流亡美国,继续在美宣传"泛欧"联合思想。在这里,他与流亡中的奥地利正统派复辟分子打得火热。这些人一心梦想着在战后恢复奥地利的君主制,重建哈布斯堡王朝的统治。卡莱基与前皇储、奥匈帝国末代皇帝卡尔·哈布斯堡的长子奥托·哈布斯堡往来频繁,为他提供外交方面的咨询,两人的友谊一直持续到战后。上世纪50年代后期,在卡莱基的安排、支持下,奥托·哈布斯堡当选为"泛欧联盟"副主席。卡拉基又很快宣布他为主席的接班人。1972年卡莱基去世,奥托·哈布斯堡成为"泛欧联盟"主席。至此,"泛欧运动"的保守主义政治立场一览无余。

综上所述,同任何一位"欧洲"思想家一样,卡莱基身上也有深深的、挥之不去的民族文化烙印。由于受到德意志浪漫主义及保守政治文化的熏陶和影响,卡莱基的"泛欧"联合思想呈现出鲜明的反民主倾向,这也是这一时期德意志地区欧洲联合思想的重要特征之一,是我们研究两战间的"欧洲"思想时,应该给予特别关注和仔细鉴别的地方。

作者简介:李维,北京大学历史系,副教授,代表作:《纳粹德国有关"欧洲经济新秩序"的规划 1939—1945》(德文版),汉堡:科瓦克博士出版社,2007 年。

---

① R. N. Coudenhove-Kalergi: *Paneuropa ABC*. Berlin,1931, in: AA R96462, S.24.
② 两战期间的奥地利是保守、专制的国家。
③ R. N. Coudenhove-Kalergi: *Paneuropa ABC*. S.25.

# 对中欧关系发展的一些思考*

连玉如

**内容提要**：中欧关系发展具有结构上的恒定性（主要表现为利益取向与价值取向并行不悖，不会因国家领导人更迭而根本变化）与脆弱性（主要指对"中国崛起"的疑虑和恐惧）。摆脱中欧关系的结构性困境，需要中国实行以"社会与环境建设"为主要内容的国际战略大转变。

**关键词**：中欧关系　恒定性　脆弱性

一国领导人特别是大国领导人的更迭及其内外政策走向，是人们普遍关心的问题。2012年，在欧盟主要成员国中，只有法国举行了大选。结果是社会党击败已连续执政17年的人民运动联盟，奥朗德取代萨科奇出任法国总统。欧盟其他主要成员国德国和英国等将分别在2013年秋和2015年春举行大选。最近，人们总在讨论，德国现任总理默克尔会在今年9月大选中胜出吗？大选后德国联邦政府的组成如何，对中德乃至中欧关系将带来哪些影响？同样的中欧关系发展问题还可向法国和英国的大选提出。

总体来看，对法、德、英等这些欧盟主要成员国来说，无论哪个政党上台，其对华政策都不会出现根本的变化。原因何在呢？从近期和表面来讲，自2009年爆发欧债危机以来，欧洲"自顾不暇"，他们还在期盼拥有庞大金融和经济实力

---

* 本文作于2013年3月22日。

的中国能加大对欧洲特别是危机重灾国投资的力度；从远景和深层看，欧盟及其主要成员国的对华政策具有结构上的恒定性。

这种恒定性主要表现为利益取向和价值取向并行不悖：一是希冀从中国的经济增长中获取最大利益，促使中国承担更大的国际责任和向国际社会提供更多的公共物品；二是指望中国平和地向民主、法制等西式政治方向演变。有鉴于此，2007—2008年间德、法等国因"达赖事件"引发的同中国关系危机不会持久；近几年广为一些人所热衷宣扬的中欧关系发展"最好时期"也会因其脆弱性而转瞬即逝。

所谓"脆弱性"主要是指欧洲国家对"中国崛起"的疑虑和恐惧，源自对中国政治制度与意识形态的排斥和反对；以及由此而来的对中国认知的逻辑混乱与迷茫。假如中国出现危机甚或崩溃，将符合他们这种认知逻辑；中国展示繁荣甚或腾飞，将打破他们这种认知逻辑。由于现有国际体系长期为欧洲等西方国家所主导，特别是对国际"道义制高点"的把持与垄断，对中国的所谓人权及其衍生品西藏、台湾等问题的诟病遂成为"老鼠逗猫"的工具，或隐或现地阻碍中欧关系稳定与健康地发展；中国也不得不长期处于被动应付状态，囿于这种对外关系怪圈难以自拔。"做中国人真难"的慨叹就不足为奇了。

如何跳出中欧关系这种结构性的困境？笔者以为：

第一，中国需要外交政策新思维，实现"以我为主"的国际战略大转变。

中国的内政做到了从理念到实践的"以我为主"大转变。无论国际形势如何变化，中国一直没有动摇和偏离"以经济建设为中心""发展是硬道理"的战略思维与轨道，从而抓住20世纪80年代发展的战略机遇期，在90年代国际风云变幻中亦未迷失方向，结果是中国经济崛起，成为世界经济稳定与发展的重要支柱。

但在外交上，中国还未完全做到"以我为主"的国际战略大转变，还未根本摆脱在西方主导的语境中、话题上被动反应的态势。究其原因，主要是中国长期遭受围攻和打压；自1840年以后衍生出深重的"悲情意识"和"冷战定势"；改革开放以后融入国际社会时间不长，需要学习与适应，等等。这种态势一段时期内已有利，可以清醒头脑，谨慎行事，不犯或少犯大错，成为现有国际体系的受益者。但是时过境迁，中国的发展已经到达一个临界点，新思维与大转变势在必行。

2006年欧盟委员会对华政策新文件已经发出中国必须要有新思维与大转变的信号。但是中国的认知尚不到位，自身还未做好准备。譬如将文件表述的"竞争和伙伴关系"进行负面解读，认为是欧盟对华政策"向坏"走势的转折点。其实，"竞争"并非敌手之间的"零和游戏"，更意味着双方关系呈向一种"均质"和"平等"的态势。2012年中共十八大"三个自信"（道路、理论与制度自信）的提出表明新思维与大转变的时机已经成熟。

第二，"以我为主"的国际战略是以"社保全民覆盖""资源节约与环境友好"为主要内容的中国社会建设大工程。

这一国际战略符合"以人为本"的价值观，符合"科学发展"和"加快转变经济发展方式"的主题与主线，能够得到国内民众的支持。尤其是这一"以我为主"的外交战略能够得到外部世界的认可，既可直接应对德国/欧洲关于中国发展实行"社会倾销"（Sozialdumping）与"环境倾销"（Umweltdumping）的攻击与反制，有助于实现对中国"市场经济地位"的承认，又可在把握"时代精神"和占领道义制高点的进程中迈出扎实的步伐。

第三，中国的"社会与环境建设国际战略"需要淡化内政与外交的传统分野，可以成为考核干部政绩的尺度。

欧盟（特别是欧元区）成员国的对外政策在欧债危机的高潮中已经演化成欧洲的内部整合政策，2013年1月1日生效的财政公约是标志；在对华关系上势必加强协调，不仅着眼于中国的外交举措，而且更加注重中国的内政发展。中国内政的任何走向，都会对中欧关系乃至国际格局产生重大影响。欧盟发达国家对华政策变化与否，并非取决于政府更迭（譬如德国默克尔政府假如在2013年秋季大选中下台，也不会动摇对华政策的连续性），而是取决于中国内政的发展与演变。

第四，中国实施"社会与环境建设国际战略"，还需厘清中国外交关于"关键""首要"和"基础"表述的混乱逻辑，将"睦邻友好"的邻国国家关系作为出发点与归宿点。

在中国对外关系中,原有的"大国关系是'关键',邻国关系为'首要',同发展中国家关系是'基础'"的外交方略所反映出来的逻辑是混乱的。因为"大国与小国""发达国家与发展中国家"的传统划分具有主观随意性,已经不能与时俱进;而中国作为世界上拥有邻国最多国家之一的地理位置却恒定不变。一国外交政策首先是一国地理的政策,中国国家利益的维护与实现,首先取决于邻里关系的打造与塑形。在这方面,中国早已提出"与邻为善、以邻为伴"的指导理念,并在实践中不断创新与增量,如发展上海合作组织以及建立中俄"永不为敌、世代友好"的关系等,是为"和平发展、互利共赢"战略方针的具体体现。

欧盟主要成员国的对华政策,除了如上所述着眼于中国的内政发展以外,还取决于中国邻里关系的演进。假如中国周边地区兵戎相见,必将带来欧洲对华政策的变化。

向世界宣示中国的社会与环境建设国际战略,因地制宜地致力于中国各个邻国地区的跨国合作,可以销蚀当前中国面临的西方国际关系理论中的"安全困境",经过"搁置争议、共同开发"的缓冲,盘活中国"睦邻友好"的传统外交政策。

欧洲有跨国的"区域欧洲"的实践,譬如东部法国、南部德国和北部意大利组成一个经社发展共属性更高的"区域欧洲";莱茵河西部德国人对荷、比、卢国家的认同比对同为一国的东德人的认同度更高。幅员辽阔、各地差异巨大和发展不平衡的中国可以借鉴跨国的"区域欧洲"的经验,尝试"区域亚洲"的建设。

第五,在中国实施"社会与环境建设国际战略"的过程中,欧盟及其主要成员国德国是中国"天然"的合作伙伴。

中国的建设与发展需要和平的国际环境与合作伙伴。在21世纪世界历史新时期,全球化与区域化的发展并行不悖;中国必须致力于有效的多边主义世界秩序建设以及亚太地区的区域整合与合作。鉴于中国外交最重要行动框架的亚太地区已经包括俄罗斯、印度、日本、美国等世界大国,因此,中国应该加强同亚欧大陆西端的欧洲联盟,特别是其主要成员国德国的战略伙伴关系。

重新统一的德国同中国一样也是世界新崛起的大国。两国1949年建国以后各自的发展具有并行不悖的相似之处;都分别在亚欧区域整合以及应对世界金融危机等全球性挑战中具有举足轻重的作用。近几年来,中德两国各方面的相互依存度大大提升,共同致力于世界经济向可持续、包容、绿色和智能方向发展。两国加强相互理解与合作,不仅可以互利共荣,而且还能惠及其他国家与人民,有助于区域与世界范围的均衡、稳定、和谐与繁荣发展。

作者简介:连玉如,北京大学国际关系学院,教授,代表作:《国际政治与德国》,北京:北京大学出版社,2012年。

# 学术对话

# 中国语境中的现代性与合理性

［德］施鲁赫特（Wolfgang Schluchter）　韩水法

**内容提要**：围绕"中国语境下的现代性与合理性"这一主题，韩水法教授和施鲁赫特教授就"中国当今的现代化是否可以用韦伯关于资本主义合理性与儒家文化之间兼容性的观点来解释"、"中国社会的合理化有什么动力和目标"、"经济领域的合理性是否支配着中国当代的经济制度"、"如何用更高的原则统领不同层次的合理性、调节形式上的合理性与本质上的合理性之间的张力"等内容展开讨论。

**关键词**：韦伯　中国社会　资本主义　现代性　合理性

**主持人（陈洪捷）：**

各位同学、老师，各位朋友，北京大学德国研究中心特别邀请施鲁赫特教授从德国海德堡不远万里来北大举办讲座，已经举办了四场，每一场都很精彩。这是一次非常高水准的学术报告，使大家受益匪浅，为推动我们学界对韦伯的研究做出了很大贡献。而我们也会将报告内容公布出来，让更多人受益。

借施鲁赫特教授来访之际，我们除了想听听他对韦伯的理解，还想听听他站在韦伯的角度如何来看待中国。这个有点像苛求，但是我想，他对韦伯的研究这么深入，完全可以站在韦伯的角度，甚至超越韦伯的角度来看中国。这场在北大哲学系韩水法教授和施鲁赫特教授之间展开的对话，其核心主题比较宽泛——"中国语境中的现代性与合理性"。我们知道，韦伯的研究核心涉及人类发展进程中的核心问题，即人类社会的合理性问题，而本次谈话又提出了现代性问题。

我们想从哲学家的角度和社会学家的角度——研究韦伯的社会学家角度——来对中国和相关问题进行一些探讨。我们对这次报告非常期待。大家不仅可以倾听他们两位的对话,同时也可以参与对话,这也是本次活动的重要部分。首先请台上的两位进行对话,然后我们再展开讨论。担任本次翻译的是北大哲学系的徐龙飞老师和社科院哲学所的王歌老师。

现在有请两位!

**韩水法:**

大家好!非常高兴有这样一次机会和施鲁赫特教授进行面对面的对话。我在1996年和施鲁赫特教授通过一次信。那时我正在写一本书,书名是《韦伯》。这本书在台湾出版,现在还没有出大陆版。施鲁赫特是著名的韦伯研究专家,我给他写信是想得到他的书,因为当时在国内找不到他的书。结果他非常爽快给我寄了两本,这两本书我一直保存到现在。

但是我们一直未曾谋面。这次能够邀请到施鲁赫特教授到北大,实在是很难得的机会。施鲁赫特教授的四次讲座让我重温了韦伯的思想,讲座内容丰富而清晰。

韦伯研究的核心问题是合理性问题,他也曾谈到中国。汉语界关于韦伯的研究经历过波折。七八十年代以前,也就是在亚洲四小龙经济起飞之前,关于韦伯对中国的评价,很多人持批评的态度;在华人社会经济起飞之后,人们的观点开始转变,华人世界开始关注韦伯,这种关注首先是从台湾开始的。

我要强调的是,韦伯的观点——不管是对中国具体的评价,还是理论方面的概念和学说——对于当今中国社会,依然有着现实的意义。这一点施鲁赫特教授在他的报告中也提到了。所以我们今天会围绕这样一个主题进行对话。

**施鲁赫特:**

非常高兴能够再一次来到这个教室,和韩水法教授讨论关于韦伯的一些问题。让我还感到荣幸的是,能有机会和在座各位共同进行这方面的讨论。今天讨论的主题包含两个基本的概念,对此我们可以提出一个问题:这两个概念是一致的呢,还是有区别的?我认为,它们是有区别的。现代性包括合理性,但合理性并非必然包括现代性。

我们恰好可以将这一点用于韦伯。正如韩教授所说的那样,韦伯并没有使用"现代性"这一概念。他虽然谈到现代西方文化,但是并没有谈到"现代性"。他还谈到了与现代西方文化相关联的合理性进程,认为这种合理性进程促使了现代西方文化的产生。如同韩教授所讲,对于那些有着一定儒家文化的国家来说,韦伯是一个有意思的作者。在他的《经济与世界宗教的伦理》一书中,我们发现了一个有趣的观点。这个观点是:在西方诞生的合理的资本主义如果得以实现——也必会实现,在这一点上韦伯与马克思观点一致——那么相比其他世界宗教而言,它会更容易地被那些受儒家思想影响的国家所采纳。亚洲四小龙便是很好的证明,它们的现代化也就发展得早一些。

有趣的问题是,中国的经济是追随亚洲四小龙发展起来的吗?还是说中国的经济发展有另外的理由?现在我向韩教授提出这个问题。

**韩水法：**

这令人开心:施鲁赫特教授的这个问题恰好也是我下面要提到的问题。亚洲四小龙中,数中国台湾最具儒家特色。我们可以说台湾是儒家社会,但却不能称大陆为儒家社会。因为在大陆,传统的文化已经中断了,我们曾经被苏联化。韦伯在《儒教和道教》这本书里列举了儒家社会对现代资本主义具有适应性的优点。就像施鲁赫特教授提到的那样,儒家社会是一个适应性很强的理性社会,没有奴隶制,宗教宽容,交换、迁徙、职业选择和生产方式都是自由的,也没有厌恶商人的传统(当然这点有所争论)。韦伯认为,中国没有封建制,没有大地主制,西方垄断在中国也不存在,并认为战争促进了商业的发展,这在中国也是存在的。

和研究宗教社会一样,韦伯在研究一个社会及其经济状况时,首先从这个社会的精英阶层入手。比如,研究新教社会中人的观念,首先研究的是新教社会里的精英阶层,即商人和官僚。而研究中国传统的儒家社会时,韦伯首先研究的是士大夫。

但 1949 年以后,这个社会阶层在中国已经不存在了。按照施鲁赫特教授的说法,现代性是在合理性之下的。改革开放是中国社会重新开始实现现代化的进程,它必然是一个合理化的进程。我们的社会行为是怎么进行的?社会的合理化又是以什么样的动力,向什么样的目标发展的?这个问题我们要请教施鲁赫特教授,而我们自己也应当有所反思。

**施鲁赫特:**

首先必须解释,现代性理论的内容究竟是什么,有哪些不被今天的社会所采纳。经典的现代性理论是美国的理论,被认为是美国发展进程的立足点。据此,现代化是一个在一些国家或多或少同时进行的事件,它被卷入到国家发展进程中。于是,现代化便成了工业化、城市化、个体化和通讯密集化的过程。在许多国家都是这样的进程。

但这种模式很快就被放弃了,因为人们认识到,要实现现代化其实有着不同的道路。这恰恰是韦伯最初的想法,因为在他看来,现代资本主义是一种特殊的发展,在世界的其他领域并不发生,甚至不可能发生。因为它们的"扳道岔"和西方不同。这是韦伯的一个比喻,也就是说,人一旦选择一条道路,就有内在的驱迫感,会沿着这条道路继续前进。但也可以从中跳出来,即在不同的文化和文明之间进行交流。这同时又是一种合流,意味着一种文化能够汲取另外一种文化的内容。

所以从一开始,人们就没有期待资本主义在所有的地方都以同样的方式贯彻执行,而是应当有不同的样式。韩教授所说的非常重要,他提到了这样一个问题:在中国是否有过传统的中断,从而去除了"扳道岔"的前提条件,进入到一个不能返回悠久传统的新境况之中?还是说情况并非如此?直到 1911 年,韦伯在他所知的范围内,一直都是中国文化的欣赏者。那么对他而言,中国文化中究竟什么特别具有吸引力呢?具有吸引力的是在传统文化下建立起来的官僚阶层,其基本原则和重点是:人的能力。在这样的体系之中,有一个非常智巧的考试系统,其选择人才时,并不考虑他们的社会出身,而且选人才的目的是让他们准备好做管理工作。这实际上是合理性的一个因素,甚至是现代官僚制度的原则。

在这样的传统文化中就包含了合理性,这个合理性本来应该包含在现代的文化当中,而在传统的合理性中,缺乏的正是现代国家的因素。

**施鲁赫特:**

我认为存在基本原则。这个基本原则具有普遍性,而不一定是因文化而异的。在各个国度里所存在的是这一原则的变种。关键的并不是各个国家所展现的不同的面貌,就像是一个人和其他人的不同之处一样。我们的出发点在于,在这些不同的特征背后的共同点,而这一共性对文化是具有决定意义的。实际上资本主义这个概念形式本身,也存在不同的变种,可是不同的变种之中,也有共同性。在不考虑文化的情况下,我们发现经济活动从根本上可以从两个方面来进行调节,一方面是盈利的目的,另一方面是可能的成本和产出。我们可以和韦伯一样将其称之为形式上的合理性。也就是说,中国的一个企业,产生盈利的方式可能和德国、美国的企业一样。在经济领域,这样的对比很容易被人接受,但是这样的对比放到其他的领域接受起来可能就比较困难了,比如法律和政治的领域。

比如关于在西方发展起来并像资本主义一样广泛传播的某些法律原则是否在中国适用就是一个很有争议的话题。因此我们要分清楚两个概念:一个概念是文化主义,它认为每一种文化都是独一无二的;另一个概念是文化变种,它们是从一个共同的原则下产生的。

**韩水法:**

这就涉及我要进一步提出的问题,因为我们所谈论的是现代性和合理性,当然有好多不同层次的合理性,比如说我们要坐一把非常舒服的椅子跟坐一把昂贵的椅子,这两个目标不一样,会采用完全不同的行为。说得广泛一点,在现代社会,你要修一条铁路,这是一条最快的铁路,还是一条最便宜的铁路,目的不一样,合理性的意义也是不一样的。

我们再说大一点,刚才施鲁赫特教授提到,他不怎么同意我的传统中断的说法。比如,现在还有对祖宗的崇拜。说到这一点,我想到今天上午我国总理温家宝在答记者问时提到的一点,他说了一句话,好多网站以特别大的标题标出来:

最大的威胁是腐败！一般老百姓也腐败不起来,有的也就是小小的腐败,喝点小酒,当然他说的不是这些腐败,而是大的腐败,就是官员腐败,因为官员握有权力。现在我们就有两种不同的合理性。如祖宗崇拜和家族裙带关系,在中国有些人当官,就是为了光宗耀祖。为了达到这个目的,他们可以采取各种有利的和有效的手段,这当然是合理的。

但是我们还有另外一个观念:政治应该是清廉的。这是另一个目的,你的光宗耀祖的目的都要排除在外。这两种合理性就会起冲突。在我们的现实生活里面,不同的合理性之间的冲突非常厉害。现在的问题是,合理性是不是应该分层次,不同的目的有不同的合理性。是不是应当有最高的原则或者普遍的观念来支配不同的目的和合理性？我是指,对社会来说,在制度层面,是不是需要一些普遍观念？人们可以有不同的资本主义,或者不同的社会主义,但是是不是有一个一般的社会主义原则,一般的资本主义原则,或者一般的市场经济原则？这些一般的原则在西方与在中国是不一样的,在德国与在美国是不一样的。这正是我们要考虑的问题。如果不一样,我们就会看到中国模式,就会看到德意志特殊道路。如果存在一样的一般原则,那么这种中国模式和德意志特殊道路会大打折扣,因为它的特殊性就会变得很弱。

**施鲁赫特:**

首先我希望,我们坐的椅子至少不要塌陷。在这个意义上,我对我坐的椅子非常满意。它非常好地完成了它的任务,它只要质量没问题,一切都没问题。但是当我们谈到腐败的时候,问题就不是这么简单了。腐败所涉及的问题是:我们是否建立并贯彻了一个规则体系,一个法律体系,使得所有人,我强调,是所有人——包括那些拥有权力地位的人在内——都必须服从这样一个规则体系,腐败涉及的并不是不同的合理性,而是对合理性的伤害,因为在形式上平等的背后潜藏着我们必须称之为经济特权的东西。韦伯所建构的正当的统治同传统统治、卡里斯马统治的决定性区别体现在,有权力的、处于统治地位的人和被统治的人一样都必须服从这些规则。在现代的官僚(科层)统治体制当中,只有当体制内的人无论出身、年龄、性别、种族都有同样的平等的权利时,这一体系才可以被看作是合理的。

也就是说不能说有人可以有两个孩子——尽管规定只能有一个孩子——因为他跟上层有关系,而另外一个人要有两个孩子的话,就得交20万的罚款。如果从人性角度来说,一个人有两个孩子总是很好的,但是既然这一规定已经在形式上制定好了的话,这个规定要适应所有的人。实际上在这里就产生了一个很有意思的问题,这个问题,我猜想,也隐匿在你的问题之中。这个隐匿问题就是,我们执行形式上合理的体系会产生对这个体系的不满意,即使它对于所有的人都一视同仁。执行合理体系所导致的结果也会被人认为是不公平的,也就是从本质上来说不合理。这也就产生了在之前演讲当中所提到的关于形式的和本质的合理性的张力。

我可以举一个德国最近的例子,这个例子给人印象非常深刻。有一个女售货员,在一家公司工作了三十多年。有一天,一位顾客把1.5欧元的押金券忘在桌上了,她拿了过来,把它给兑换掉了。她实际上三十多年来在这个公司里面非常诚信地工作。就是在这个时刻,她把这1.5欧元押金装自己兜里了,而且这点押金公司反正也得不到。这个女售货员被解雇了,她就告到劳动法庭,但是劳动法庭并没有支持她的诉讼。当然从形式上来说,法庭无可厚非,他们的判决是根据那些已经制定的法律的条文。然而,所有知道这件事情的人,都认为这个判决是不合理的。也就是说这一判决是有损本质合理性的,因为这个女售货员的行为和后果不成比例。当然,这种形式上的合理性是如此之妙,以至于这个故事并没有结束,这个女售货员又告到了更高一级的法院,在那里,她打赢了这个官司。

我讲这个例子,是想说明两点。首先,形式上的合理性是非常重要的。因为更高那一级法院所行使的也是那种形式合理性。其次,这个故事也告诉我们,形式合理性也并不代表一切,有从另一个角度出发的另一种合理性可能恰恰得出与形式合理性相反的结论。这一现象存在于从根本上来说作为一种体系的资本主义当中。一方面,马克思所说的劳动生产力有效提升,另一方面,存在着财富的不平等分配。形式合理的资本主义,并不一定能够保证所有人在程序上都是平等的。这之间的张力,一定要有一个政治上的处理。否则就会导致收入制度性的两极分化,而这种分化对于大众来说是无法接受的。

**韩水法：**

刚才施鲁赫特教授提到的例子很有意思，我稍微评价一下，如果这个事情发生在中国，官司有可能不会打到最高法院，而会采用这样一些手段。第一个办法就是找关系，看看熟人里有谁认识这个公司的老板，就找谁。如果这个或那个人不行，那会找很多人。第二个办法，请公司老板吃饭。第三个办法，到他家里坐着哭，我还有孩子要上学什么的。

在我们中国，合理性的方向有很多种，比如家里有很多孩子要抚养，这是实质的问题；比如托关系以人情为目标。在这些合理手段之间，哪一种占主导？这是第一点。

第二点，就如刚才施鲁赫特教授所说，那位女售货员在初级法院输了，她去上级法院打官司。她赢了，但她走的是法律程序，她既不是请客吃饭，也不是说情，也不是坐在老板家里。在我们中国社会里面，我们会碰到各种各样很烦的事情。你谋得一个职位，最后莫名其妙地被人挤走；街上的车老是堵着，如此等等。在这里面有一个问题：哪一种合理性更主要？在什么样的生活层面，什么样的社会领域，什么样的合理性应该以什么样的特定的目标为主导？比如大学里面，你究竟是以学术的合理性为主导？还是以其他的合理性为主导？

我举一个例子，我亲身经历过。有一位副教授申请晋升正教授。人家说你著作太少，评教授有点不太行，这是出于以学术为目的的合理性来说的。这位副教授举出一个绝妙的理由：我有两个孩子，没有时间写书，但是我还要当教授。这就是另外一种合理性。

大家可以想想，在大学里面，究竟是要以养孩子多寡为标准？还是以学术水平为标准？在我们的生活中经常这样的事情层出不穷。合理性与合理性之间，刚才施鲁赫特教授讲的形式合理性和实质合理性之间的张力，我们怎么来处理？这是一个重要问题。我还想请教施鲁赫特教授。

**施鲁赫特：**

这恰好是我们看到的一点，单一的形式上的合理性是不能解决所有问题的。它之所以正确，首先是因为它是一个过程的合理性，其次是因为它的结果可以被掌控。这一张力在资本主义经济中就是生产效率和分配公平之间关系的张力，在法律上就是在形式上对于法律的遵守与实质上的判决结果，也就是公正之间的张力。如果仅仅有一种形式上的合理性的话，那么人们生活在这个世界上就没什么意义了。所以我们要考虑每一种具体的情况。

刚才所举的例子，我如果想让他接受我的观点，我是请他吃一顿饭呢？还是我用一些理由来说服他呢？前者是甜美的贿赂，后者是靠证据来说话。

在两德统一之后，我们和一些曾经在民主德国就反对德国统一社会党并且想要推翻它的人进行过交谈。其中一位名叫 Bäulein 的女士是反对民主德国的先驱（可惜她不久前去世了），她曾经说过后来广为流传的一句话：我们所追求的是正义，得到的是一个法治国家。这恰好是我们上面提到的那个张力在法律制度中的体现。这样的张力可以体现在经济领域，也可以体现在政治领域。这个张力是存在着的，同时限制它的程度也是有必要的。人们也必须要有机会将这样的讨论尽可能在公众场合提出来。这样一来，如果一个社会的发展方向存在着错误，那么这个错误便能由此彰显出来了。

**主持人：**

这场讨论非常有意思。下面请大家提问。

**提问人一：**

韩老师，听来听去，您的合理性，什么都可以是合理性，目的性也是，还有没有道德元素？

**提问人二：**

中国和西方都有仰望星空的人。人的欲望在社会发展中最终应当是合理的。很久以来，哲学理脉里就有这样的思想，"文革"十年是一个中断。近三十年的改革开放，我们走的是非常正确的道路，包括现行的法制。但同时，我们也不能忽视目前社会上的一些不公平的现象。未来和谐的小康社会的建设中，我们就需要处理好效率跟公平之间的关系。

**提问人三：**

如何看待在中国的合理性，如何看待"积善之家，必有余庆"这样一个因果关系？

**韩水法：**

我先回答黄教授的问题，韦伯的合理性或者合理化，简单来说，有两个层次，一个是区分人类的行为，有目的—合理的、价值—合理的等等。你设定一个目标，并且有效地达到这个目标的途径，就是合理的。合理性是一个计算的概念。所以，把它翻译为理性化，意思不完全准确。

还有一个层次，现代西方的政治、西方的法律体系，来源于合理化的发展，包括西方的音乐合理发展、人的资籍的合理发展，以及经济体系的合理发展，这是一系列的合理化过程。至于合理性的最简单的意思，就是你选择一个目标，最有效地达到那个目标的途径，就是合理的。

**施鲁赫特：**

在这里我就不想再谈关于韦伯解读的话题了。我的观点可能会很不一样。不过我想谈谈关于和谐社会的问题。作为一个外来者，我并不觉得提出一个有关和谐社会的理论对于中国来说有什么奇怪。因为我觉得，这个国家有着悠久的传统，而在这一传统中，和谐一直处于中心地位，不是吗？保持天地之间的和谐，是皇帝的任务。相关的礼仪必须非常准确地进行，以至于不要有什么灾难从天而降，将皇帝从他的位置上推翻下去。在历史上一直都是这样的：如果哪个皇帝没能保持和谐，那么他的统治就难以维持下去了。

**提问人四：**

就我们现在这个趋势，未来这个问题会不会解决？包括子弟小学问题，这些被政府推上台面的问题一直都存在。

**施鲁赫特：**

当然我作为社会学家，我谈的只是理念的层面。我想世界上没有一个社会学家会说存在一个真正的和谐社会。从理论的角度，因为世界上所有的社会都是有阶层的社会，而且都是充满冲突的社会，而我们要解决的问题就是如何缓解这些冲突。至于有关想象一个社会当中的群体所有人都心满意足，都感觉非常幸福，这种叙述属于乌托邦。这不是现实的政治目标。

关于祭祀、祖先做怎样的事情荫庇后世，韦伯以及其他学者曾经都做过分析。这是一个涉及同超验力量的魔幻关系的问题。而世界性宗教和文化宗教的发展正是通过更加强大的思想体系以及实践超越了这一宗教发展过程。所谓的合理性也正是从这种可以被理解和解释的相互关系当中产生的。也就是说，在超验力量和它对于现实的影响之间存在着因果关系。那种魔力的世界观的特征就在于把现实的因果关系和象征的因果关系，也就是存在的象征等同起来，看成是一回事。比如说人们觉得自己怎么对待鬼魂就会在经验的现实中得到相应的后果，比如说我不会生病，或者是我生病了就是因为我做了什么惊扰鬼魂的事情。这确实是一种思想的发展，一种思想体系。这是一个很古老的问题，韦伯在对于中国的分析当中也谈到了这一点，他认为在官僚阶层，也就是高级文官阶层和古老的习俗之间存在着张力，而在这里就是所谓魔力发挥作用的地方了。这已经超出我们今天关于合理性的对话的范畴了。

**提问人五：**

我有两个问题。第一，门森说，韦伯是渴望在魏玛选出平民的超凡魅力领袖对抗德国魏玛的议会民主制，您认为这个成立吗？他是否真的愿意选出平民式的超凡魅力领袖对抗魏玛？第二，韦伯如何思考德意志政治民主所形成的特殊化道路的？

**施鲁赫特：**

我想这个问题相对来说比较好回答，因为您所说的平民选举和超凡魅力领袖是不同的两个概念。所谓魅力领袖，他的特殊才华是被统治阶级所相信的。

然而这里所说的不同于议会民主中由平民选举出来的领袖人物——法国、美国是这样——是大选中选出的领袖,但并不是韦伯所说的超凡魅力领袖。

当然,这种超凡魅力领袖形象有两种可能,一种是大部分人在大选当中认为他具有超凡魅力,所以选他。还有一种人,他被选中了,任职期间,他处理危机的若干能力使他获得了超凡魅力领袖这样的盛誉,比如美国的杰弗逊总统,就是这样一个例子,他在任职之后才体现出了超凡魅力。但是通常一个选举的程序过程本身与超凡魅力领袖没有多少关系。

**提问人六:**

为什么在一个社会主义中国的语境下,我们已经搞了一个国企精英股份权收购,但是不允许农民拥有自己的生产资料?

**韩水法:**

这个问题提得非常好,我想从一个比较特殊的角度回答。在政治领域,在直觉上大家的意见会有很大分歧。我刚才追问合理性有没有目标和原则,这对我们学者来说,是一个关键问题。我们不是凭直觉来说话的,我们要提出论证,比如中国特色就是如此。大家要知道欧洲的所谓私人所有权,只有几百年的历史,是近代发展起来,它的市场经济、所有权和法律制度,都是如此。中国的法律体系不完善,规定不明确,但是它老早就有了。但是说到应该怎么样的时候,不能拍着脑袋说话,而要实证,要理论分析。我们没有政治权力,但我们可以运用学术和知识的权力。

**施鲁赫特:**

我只能同意他的想法。

**主持人:**

各位同学、各位老师,今天晚上见证了一场非常有意思的对话。既然对话嘛,跟谈判就不一样,对话可以发散,没有主线,没有结论,这是对话的一个妙处。

第二，这个对话是跨文化的对话，对话已经不容易了，跨文化的对话更不容易，所以大家可以看到，这个跨文化的对话当中有很多错位。

这可能导致问题，同时也可能产生灵感。希望大家从两位学者的对话当中，获取灵感，因为实际上他们提出的问题多于回答的问题，这是有启发意义的。

几位同学的问题也特别好，可以拓宽我们的思路。所以，今天晚上的对话很有意义。再一次让我们以热烈的掌声感谢两位对话人。

我们中心的施鲁赫特教授系列讲座告一段落了。以后我们会有更精彩的系列报告，请大家关注北大德国研究中心的各项活动、各种会议和报告。

谢谢各位参加！再一次感谢施鲁赫特教授！

作者简介：施鲁赫特（Wolfgang Schluchter），海德堡大学社会学系，教授，代表作：《现代理性主义的产生：韦伯西方发展史的分析》（德文版），法兰克福，1998年。韩水法，北京大学哲学系，教授，长江学者，代表作：《正义的视野：政治哲学与中国社会》，北京：商务印书馆，2009年。陈洪捷，北京大学教育学院，教授，代表作：《中德之间：大学、学人与交流》，北京：北京大学出版社，2010年。

# 民权——公民与人民的权利：日本的现代化与对西方文献的翻译*

[日]川喜田敦子（Atsuko Kawakita）
苏亦煌　等译　王世洲　等校

**内容摘要**：19世纪下半叶日本开放以后，西方对日本的现代化产生了极大影响。其中西方文献的日语翻译构成了日本与西方国家最重要的结合点之一，也因此是展现转型的场所。本文重点考察日本国家和社会现代化过程中西方文献的日语翻译对公民概念的接受。当时，日本社会对于应当效仿哪种国体、学习西方国家现存的各种社会和公民存在纲领中的哪一种等问题争议很大。政治权力争端和随后发生的日本人心中西方主导国家由英、法转向德国的变化使得德国模式在科学领域也占据了优势地位——这一选择对现代日本的道路产生了深远影响。

**关键词**：日本现代化　西方文献翻译　公民和公民社会　历史观

## 一、西方对日本现代化的影响

谈到日本的现代化，不可能不考虑日本和西方的关系。简而言之，从古代到18世纪，日本主要同中国建立了频繁的外交关系，特别是对日本知识界来说，外

---

\* 这篇论文是我在2010年1月19日北京大学德国研究中心和东京大学德国研究中心的联合课程讲稿的基础上写作完成的。我衷心感谢北京大学法学院、北大德国研究中心的王世洲教授为本文的中文发表所做出的努力。如果没有他的鼓励和友好帮助，这篇论文是不可能完成的。

来的影响几乎就等于中国的影响。但是,通过19世纪以来日本与西方世界的联系,欧洲强国和美国在日本的对外关系中占据了从前由中国占据的重要地位,与此同时西方国家也成为外部威胁。因此与西方大国的关系使日本产生了矛盾的情感,人们一方面感到恐惧,另一方面又认为应该把西方作为学习的榜样。①

1853年美国海军将领马休·佩里的舰队抵达日本,这是日本外交政策转变的标志性起点。② 自19世纪下半叶日本被迫对外开放以来,西方对日本现代化进程产生了极大的影响。和西方国家进行交流的重点和途径主要有三个:派遣日本学生和代表团出访欧洲和美国,邀请外国专家到日本以及翻译西方文献资料。

我们这里集中谈论第三种途径,讨论主题是在日本国家和社会的现代化进程中,将西方文献译成日语时对公民概念的接受问题。第二次世界大战以后,"公民"或者说"公民社会"概念已经在大塚久雄(Hisao Otsuka)和丸山真男(Masao Maruyama)等部分社会学家和人类学家那里成为核心概念,但由于受到把公民社会等同于资本主义社会并予以批判的深刻影响,日本对"公民"概念的认知长期停留在一种矛盾的状态中。20世纪90年代,这一概念在日本经历了一个大发展时期,产生了NPO(非营利组织)法案。此法案以首部名称中出现"公民"一词的法案而闻名。当时,许多NPO的代表都认为这是在日本建立公民社会的第一步。③ 在德国,人们可以把60年代末以来的社会变革视作向公民社会发展的重要阶梯,在此期间社团数量增加,学生和市民运动兴起,诸如非暴力、和平、环保等新的公民价值得以建立和推广。④ 就这点而言,日本建立公民社会的时间相对于德国要更晚一些。

---

① 加藤周一(Katō, Shū'ichi):《翻译的视角:明治时代翻译的开始——翻译的原因、内容和方式》,东京:岩波书店,1991年,第343页及其后。

② 为了抵抗西方列强的威胁,日本开始搜集西方的信息。所以日本在鸦片战争时期的危机感伴随着对世界的认识的扩大。掌握古汉语的日本学者如饥似渴地阅读魏源的《海国图志》。佩里的到来和对日本开放的要求大大增强了日本的危机感,《海国图志》中关于英国的部分1854年被翻译成日语。参见:增田涉(Masuda, Wataru):《欧洲对东亚和中国的渐进影响:杂书分析》,东京:岩波書店,1979年,S. 31ff;宫地正人(Miyachi, Masato):《德川幕府结束与明治时代开始的历史理解》,载《日本近代思想大系》,第13卷,《历史认识》,东京:岩波书店,1991年,第514页及其后。

③ 山口定(Yamaguchi, Yasushi):《文明社会:历史的遗产和新发展》,东京:有斐阁,2004年,第1页。

④ 1989和1990年的经历是德国1990年之后对"公民社会/市民社会"兴趣增加的原因。参见:联邦德国议会任命调查委员会报道"公民事业的未来——公民事业:向未来的市民社会前进",德国联邦议院印刷品,14/8900,2002年,第42页及以下。

这种情况下应考虑到公民社会形成过程的差异，以及德国和日本认知公民社会的视角的差异，这些视角出自不同的具有地方特色的公民概念的语义学。在日本的现代化进程中，西方思想和许多抽象概念被引入和接受。在这一语境下，此处对公民或公民社会从两种不同的视角进行探讨。我们试图从以下两点入手：首先根据民权的概念解释当时公民理应获得哪些权利；其次应对明治早期文明史史观的广泛传播进行深入分析，这一观点把公民社会看作历史发展的目标，但此后它的影响力无疑在逐步下降。

## 二、文献翻译——接受外国影响的途径

### 1. 西方文献翻译

明治早期，一些著名人士如日本历史上第一位教育大臣森有礼（Mori Arinori）、作家志贺直哉（Shiga Naoya）等提出将英语、法语等作为日本的公共语言。但这些提议很快销声匿迹，因此翻译在日本的现代化进程中扮演了很重要的角色。记者矢野龍溪（文雄）（Yano Ryūkei）在1883年撰写的《译书读法》中写到，人们应以何种顺序阅读大量的、不同领域的如自然科学、地理学和历史学等出版的译作中的哪些作品。① 在写这本书时，为了从数以千计的翻译文献中选择出具有阅读价值的书籍，矢野文雄对内务部图书馆的翻译目录进行了调查研究。②

当人们查阅明治早期的翻译文献时，发现多数涉及军事。在自然科学和技术领域（除了蒸汽机这样的工业技术之外），化学领域的论文比物理和数学领域多。大量医学领域的外国文献也被译成日语。

此外还有与法律体系相关的出版物。根据穗积陈重（Hozumi Nobushige）的《法窗夜话》，1837年在太政官建立了制度局。制度局的民法编纂会主席江藤新平（Etō Shinpei）委托箕作麟祥（Mitsukuri Rinshō）翻译法国的民法，目的是在它

---

① 矢野文雄（Yano, Ryūkei）:《译书读法》，东京：报知社，1883年。
② 丸山真男、加藤周一：《翻译和日本的近代》，东京：岩波书店，1998年，第53，316页。

的基础上编纂日本的民法。后来江藤新平作为法律大臣建立了法典编纂局,又委托箕作麟祥翻译法国的商法、刑法和诉讼程序,并催促他赶快翻译,说出了下面的名言:"我只要你赶快翻译,即使翻译中出现错误也无妨。"①

  国际法这一法律领域同样引起了人们的强烈兴趣,因为这在与西方列强签订不平等条约的谈判中有着重要的实际意义。② 西方关于国际法的文献并不总是直接译成日语,有时在日本流传的作品是从中文译本转译成日语的。亨利·惠顿的《国际法原理》就是一个例子。③ 在美国传教士丁韪良(1827—1916)把惠顿的作品译成中文后,日本在1865年出版了由西周(Nishi Amane)作注的再版本,随后出现了至少四个根据中文译本翻译的版本,如堤縠士志(Tsutsumi Kokushishi)的《万国公法》(1868);至少两个根据英语原文翻译的版本,如重野安绎(Shigeno Yasutsugu)的《万国公法》(1870)。④ 在决定日本的开放时,这本书中的知识得到了高度重视,它当时"被赋予圣经的权威并被当做圣经来阅读"。⑤ 这个译本甚至在各个小学被用作教科书或参考书。⑥ 同一时期西周还把荷兰国际法学家西蒙·卫斯林的讲课稿翻译成了日文,1868年以《和蘭畢洒林氏万国公法》为书名出版。从中可以看出在与西方列强缔结商约时,日本的领

---

 ① 看上去,加藤周一想在法国把最重要的法律(刑法、刑事诉讼法、民法、民事诉讼法和商法)以完全忠实原文的方式引入日本,而津田真道(Tsuda Mamichi)则采用了批判性的态度。穗积陈重高度评价了津田真道的观点,但也对江藤周一的观点表示理解,他的理由是在穗积陈重的时代,日本的民法只有这样才能以当时的形式建立起来,因为人们可以简单快速地模仿,然后一步步进行修订。参见:穗积陈重:《法窗夜话》,东京:有斐阁,1916年,第208页及以后。
 ② 丸山真男、加藤周一,同上,第149页。
 ③ 亨利·惠顿:《国际法原理》,1836年。日本国际法学家把《万国公法》视为可以用来阐释国际法在日本的接受的材料,这本书很早就获得关注。国际法在日本的接受的研究史请参见:韩相熙:《十九世纪欧洲国际法的输入——在日本研究的特定视角下》,载《法政研究》,卷74—1,2007年。"国际法"的日语翻译方法分析请参见:住吉良人(Sumiyoshi, Yoshihito),《资料介绍》:亨利·惠顿,《国际法原理》,1836年。W. A. P. 马丁,同治三年,1864年。瓜生三寅(Uryū Hajimu),《交道起源》(一名《万国公法全书》),庆应四年,1867年,载:《法律论丛》,卷44—2/3,1970年,第181—232页。在《翻译的视角》一书中把《和解万国公法》[第一卷第二章,重野安绎(Shigeno Yasutsugu)译]与惠顿的原文和丁韪良的中译本的相应段落进行了对比。对国际法的中文翻译方法的分析请参见:周圆:《马丁的国际法翻译方法——参考国际法的中文翻译第一卷》,《一桥法学》,卷10—2,2011年,第223—264页。
 ④ 《万国公法》中文版的成书史与中文和日语翻译中的问题请见:张嘉宁:《国际法的诞生》、《文献解题》,载《翻译的视角》,第381—400页。翻译的准确分析请见:住吉良人(Sumiyoshi, Yoshihito):《西方国际法日本引入史》,载《法律论丛》,卷42—4/5/6,1969年;《明治时代早期西方国际法的引入》,载《国际法外交杂志》,卷71—5/6,1973年。
 ⑤ 尾佐竹猛(Osatake, Takeki):《近代日本国际观念的发展》,东京:共立社,1932年。万国公法的引入请见第32页。
 ⑥ 增田涉,同上,第4页。

导人因为国际法知识的匮乏感到多么痛心疾首,多么急于寻求对策。①

从以下的内容同样可以认识到,当时日本有多少译作。植木枝盛(Ueki Emori),一位"自由与人民权利运动"(对这个运动在后文将有更详细的介绍)的思想先锋,写了不少关于公民权、自由②和言论自由③的文章。1881 年他在制定明治宪法的准备阶段草拟了一份宪法草案,它包含联邦主义、承认抵抗权和革命权,以此保证公民的自由权等建议。④ 在这些个人拟定的宪法草案中,植木枝盛对广泛公民权的无条件要求被看做是最民主和最极端的。⑤ 关于作者,据说他不能阅读外语,所以必要的书籍只能使用翻译的版本。⑥

**2. 日文翻译中的新创概念**

日本的现代化与西方国家模型和西方思维的引进同时进行。通过接受欧洲的概念来吸收欧洲和北美文明不能被降低为对西方文化简单的日本式进口。西方的概念是如何传入日本的——这一问题值得探究。

因为日语缺乏抽象词汇,明治时代引入西方文化时许多新的表达方式被创造出来。期间使用的很多都不是真正的日本词汇(大和言葉),而是使用了中国的概念。加藤周一对以下四种翻译方法进行了区分。⑦

(1)借用所谓的荷兰科学的概念(蘭学,即用荷兰语写的西方著作,这些作品在日本的封闭时期被接受):许多科学和技术领域的词汇不是在明治时代被造出来的;而是在江户时代与荷兰科学的联系中已经被创造出来。⑧ 水素和重力这些词汇就是来自荷兰语并且沿用至今。

---

① 加藤周一,同上,第 358 页。
② 植木枝盛:《民权自由论》,博多:集文堂,1879 年。
③ 植木枝盛:《言论自由论》,大阪:爱国舍,1880 年。
④ 植木枝盛:《东洋大日本国国宪案》,1881 年。载:家永三郎(Ienaga, Saburō)、松永昌三(Matsunaga, Shōzō)、江村荣一(Emura Ei'ichi)(出版):《明治时期早期宪法草案》,东京:福村出版,1967 年,第 385 页及以下。
⑤ 石田雄(Ishida, Takeshi):《日本的政治和概念》,第一卷,《"自由"和"福祉"》,东京:东京大学出版会,1989 年,第 51 页。
⑥ 丸山真男、加藤周一,同上,第 49 页。
⑦ 加藤周一,同上,第 350 页及以下。
⑧ 斋藤毅(Saitō, Tsuyoshi):《明治时期的语言——科学—文化的现代化与日本语言》,东京:讲谈社,2005 年,第 32 页及以下。

（2）使用中国的概念：假如一些词汇在中文译文中已经存在，明治时代的译者们就会采用这些词汇。"権［利］"（ken［ri］）这个词——之后会详细分析——就是一个典型范例。

（3）来自古汉语的概念：改变词语原来的意义作翻译用。比如《论语》中有"文学"一词，它在古日语中笼统指代科学。但在威廉·罗存德的《英华词典》中对应的是 literature 一词，日语后来也接受了词义的变化。①

（4）完全新造词语：根据原始词语的词源学和意义创造新的表达。选择翻译的词语时不是依据日本的日常用语，而是依据已经日化的汉语。例子就是"fudōsan/不動産"和"kirei/綺麗"。

在日本，人们在江户时代之前（大约是在荷兰科学、儒学和日本国学中）就已经通过将汉语融入日语的方式使用抽象的、科学的概念。以前的这种经验在从江户时代末期到明治时代接受西方概念时得到运用。② 因此人们可以说，西方文化向日本的输入以及在此过程中被创造的新的概念，是不同的外部影响的混合物，这些影响在不同的历史时期为日本所接受。

## 三、公民概念的翻译：关于民权概念

### 1. 自由民权运动

如上文所述，日语中的西方概念往往借词于汉语。这就意味着，理解这些概念的基础是汉语和日语词的原始意义，同时其意义和内涵又与源词汇或多或少有所差异，这对概念的接受不免有影响，譬如法律和政治概念，其影响实实在在地留在了日本现代化进程的社会和政治发展历程中。

这里，我们试图以"民权"这一概念为例来探讨这个问题。该词出现在日本

---

① "文学"，载松村明（出版），《大辞林》，第三版，东京：三省堂，2006年，第2265页；"文学"，载：《大辞泉》，东京：小学馆，1998年，第2361页。
② 斋藤毅，同上，第31页及以下。

明治早期一个政治团体的名称当中,即,自由民权运动。这一团体成立于1874年,深受西方思想影响,主张建立民众选举的国家议会。①

在明治时代之初,即1873年,大臣森有礼(Mori Arinori)号召建立根据当年的年份命名的明六社②,次年明六社开展工作,这是日本第一个可以被称作由科学家、学者和政治家组成的现代团体。在众多研究西方科学的重要学者(洋学者)的参与下,这一团体为日本的文明开化做出了巨大的贡献。为了利用西方思想进行启蒙,该社每月举行两次报告并于1874年创办《明六杂志》。学者们在杂志中宣传西方思想,并将自由和民主的思想引入日本。通过这种方法形成了理论和观念,为日后的"自由民权运动"打下了基础。

例如,1882年,明六社的中江兆民——自由民主运动的领导者之一——将雅克·让·卢梭的《社会契约论》翻译成汉文(古汉语)③,他借此赢得了"东亚卢梭"之称。1872年中村正直翻译了约翰·斯图尔特·穆勒的《论自由》。④ 1884年松岛健翻译了赫伯特·斯宾塞的《社会静力学》,并以日文将该书命名为《社会平权论》。⑤ 该书十分畅销并成为"自由民权运动的圣经"。板垣退助——作为领导者之一发起了建立"民众选举的国家议会"的请愿活动,也是后来日本第一个现代政党的首任主席(1880年成立的自由党)——将该书称作"民权教科书"。⑥

**2. 法和权之间的权利概念**

1870年左右,"民权"一词在日语出版物上固定下来。特别要指出两点。在民主国家的语境下提及民权时,这一概念首先指的是公民与国家之间的关系。

---

① 该运动要求天赋的、不受当权者限制的人权和由民众通过的宪法。最初自由民权运动的支持者主要是士族成员。所以这个团体有着强烈的受士族影响和要求国家权力的思想。当运动扩大到大众中时情况发生了改变。舆论越来越集中到反对专制独裁和确定自由、平等和基本的民权。但这场讨论导致了国家言论监管的加强,以致1875年《明六杂志》被叫停。在这场讨论中增加对国家权力的关注的趋势逐渐得到了强化。结果日本巩固其立场,要在西欧国家面前重建威望,要对亚洲国家施加影响和施展威力。参见:《民权自由论》,载田中琢、宇野俊一、朝尾直弘(出版),《新版角川日本史辞典》,东京:角川书店,1996年,第507页。
② 社团名叫"明六社",因为该社团根据日本历法于明治六年(1873年)成立。
③ 中江兆民(Nakae, Chōin):《民约译解》,东京,1882年。
④ 中村正直(Nakamura, Masanao):《自由之理》,第五卷,静冈,1871年。
⑤ 松岛刚(Matsushima, Ko):《社会平权论》,第六卷,东京,1881年。这个标题实际上和《社会静力学》的内容不吻合。
⑥ 丸山真男、加藤周一,同上,第49页及以下。

民权一词由两个中文字组成,民是"人民,民众",权是"权利",后者很难翻译。詹姆斯·柯蒂斯·赫本(James Curtis Hepburn)在其1867年出版的《日英辞典》和《英语林集成》中用几个中文词来解释英文单词 right:道(do,路)、理(ri,理智)、义(gi,公正)、善(zen,好)。福泽谕吉(Fukuzawa Yukichi)在1866年出版的《西洋事情》中使用的是"通义"一词(tsugi,普遍适用的公正)。① 这些译法都是转译,其重点在于道德上的平等。②

最终"right"这一西方概念的日语翻译确定为"权利"这个复合词,由"权"(ken)和"利"(ri)两部分组成。日语中最早使用中文字"权"可以追溯到西周翻译西蒙·卫斯林(Simon Vissering)关于万国公法的讲稿之时。③ 西周提到,他在选择这个术语时参考了特米尼·马丁(Termini Martin)译成的中文《万国公法》。而且威廉·罗存德在《英华字典》中也将"right"翻译为"权",所以此时汉语翻译已经给日语翻译提供了范例。④ "权"原指强力或者权力。在使用这个概念时既有新含义"公正",又有传统内涵"权力",不同的内涵交织在一起。

"民权"一词中"权"的使用,无意识地将"权利""公平""权力"的涵义混合起来。这也波及自由民权运动。在植木枝盛的"民权田舍歌"中可以找到"消除权利的世界"(kenri hare yoya)⑤这样的表达。"权"这个字在"主张权利"(kenri o haru)中指的是"强力"和"权力"。这说明,自由民权运动的代表在使用"权"这个字时多少总和"权力"有些关联。⑥

### 3. 人权和参政权之间的"民权"概念

在民权(Minken)的概念上还需说明一点。即日本语境下民权和人权的关系。"民权"一词第一次出现在西蒙·卫斯林讲稿的译文《泰西国法论》(即《西方国家法》)中。⑦ 其译者津田真道(Tsuda Mamichi)使用这一概念时,它既有私

---

① 福泽谕吉:《西洋事情》,1866年。
② 柳父章(Yanabu, Akira):《翻译语成立事情》,东京:岩波书店,1982年,第155页及以下。
③ 西蒙·卫斯林(Vissering, Simon):《和兰洒林氏万国公法》,西周译,京都,1868年。
④ 柳父章,同上,第162页及以下。
⑤ 植木枝盛:《民权田舍歌》,选自《民权自由论》附录,博多:集文堂,1879年。
⑥ 柳父章,同上,第151页。
⑦ 西蒙·卫斯林:《西方国家法》,津田真道译,出版地不详,1868年。

权又有公权的含义。因为这个概念可同时用来指私权、现代西方意义上的人权以及参政权,所以人们不再试图分析、阐释人权和公权的关联。①

自由民权运动,德文译作"Bewegung für Freiheit und Volksrechte",英文译作"freedom and people's right movement"。这一译法是基于上述事实的,即,民权一词与政治权利诉求相关,而不只是人民主权原则意义上的、与国家权力相对应的人民权利。② 加藤周一(Katō Shū'ichi)论证说,产生这一现象的原因在于日语中没有单复数的区别,并且民这个字即能表示"人民/民族/臣民"之类的集体概念,又能表示单个个体。江村荣一(Emura Ei'ichi)认为,自由民权运动所要求的民权意义重大,其狭义就是参政权,尤其是运动开始阶段,后来人们才逐渐深入考虑自由权(人权意义上的)。③ 由一首脍炙人口的歌谣便可知道,此时日本的民众公决权得到了极大的重视:"只要政治自由,谁管它文明是否自由……"这句话的意思是,只要公民拥有参政权,即使公民作为个人的权利(人权)无法得到保障,也是可以接受的。④

如果去查看平凡社的百科全书《大百科事典》,"人权"这个词条直到二战后才正式确立,即日本1946/1947年宪法颁布以后,基本人权才得到保障。法国大革命期间出现的人权和民权,在日本接受中作为"民权"得到解读,同时,个体的人权则被忽略了。⑤

在这种情况下,丸山真男指出,日本对民权(minken)这一概念的应用更强调集体权利,而人权和自由的方面则被排除在外。另外,受中国影响而在日本产生的平等思想,即"一君万民"得到十分广泛的认同。这种忽略人权和个人自由思想的群体导向导致了二战中的政府极权、全民动员的体系。

### 4. 民权和国权的关系

从以上两个小节可以看出,一方面"权"这个词同时具有权利和权力两重意

---

① 出原政雄:《明治早期的"权利"概念》,载于《社会科学》1982年第29期,第63—94页,此处为第86页。
② 福泽谕吉当时便已经指出。另外在日本明治早期,根据文明法典,私法(Privatgesetz)也被译作民权法。
③ 江村荣一(Emura, Ei'ichi)(出版人):《明治宪法下的自由和民权》,东京:吉川弘文馆,1995年,第10—16页。
④ 加藤丸山(Maruyama/Katō),同上,第89—91页。
⑤ 同上,第90—92页。

思；另一方面从历史的角度看"民权"这个概念中涉及私权的部分逐渐被公权所取代。

这其中的关系可以从下面的例子中看出：箕作麟祥（Mitsukuri Rinshō）在翻译法国公民法案时，将 droits civils 这个概念翻译成了"民权"，并因此受到了猛烈的抨击。攻击者认为，将"民"与"权"联系起来是不可理喻的。日本当时统治阶层对此反应激烈，认为这个词意味着将权力置于人民大众的手中。自由民权运动的领袖之一中村正直（Nakamura Masanao）将他翻译的穆勒的《论自由》第一章命名为"往古君民権を争う"①。这里"权"这个字应从历史的层面来理解："君"和"民"自古以来就围绕"权"展开斗争。

从这两个例子可以看出，民权与国权之间存在某种对立的关系。因此柳父章（Yanabu Akira）认为，自由和民权的捍卫者本是可以为自己谋权的。因为与统治者相反，他们的诉求在本质上与下层人民是相同的。② 因此我们可以说，这场运动对先前武士阶层的成员来说更加容易理解和接受。同时，自由民权运动夹在两股思想潮流的斗争中间：一面强调人民的权利（民权论），另一面则认为国家权力更为重要（国权论）。

在出原政雄（Izuhara Masao）看来，民权和国权并不是简单的对立，而是可以彼此促进。因为通过保障人权可以起到稳固日本社会体系的作用，进而促进整个国家的繁荣。从这个意义上说，自由民权运动所要求争取的权力与单独的斗争者是否看重私权的保护作用，是否要求增强国权都没有关系。在运动内部也有批评的声音，主要认为"权"的两种意义——权利和权力中，前者更加重要。他们认为"权利"应该翻译为"理（理性/正确）"，追求的目标是"民理"的实现，而非"民权"。然而在统治阶层和人民大众严重对立的情势下，使用"民权"的概念起到争取权力的武器的作用。出原政雄认为，从"民权"的概念里主要提炼出了"参政权"这个方面，而在自由民权运动中"人权"的方面被忽视了。

---

① 中村正直（Nakamura）:《论自由》,出版地不详,静冈,1872 年。
② 柳父章:《翻译语成立事情》（Die Entstehungsumstände nach der Übersetzung）东京:岩波书店,1982 年,第 151—153 页。

## 四、日语译文中的"公民社会"概念：以公民社会为目标

### 1. 明治时代早期文明史的世界观与历史观

我们感到很有意思的是，明治早期日本不仅主动翻译了直接支持发展国家福利与军事实力的军事、科技文献，还翻译了有关历史、地理、文化、基督教历史等内容的书籍。① 翻译活动由日本政府各部门着手进行，包括隶属于太政官和元老院的翻译局，各种职权部门如大藏省、文部省、陆军省、司法省等。而特别值得注意的是，日本翻译了大量史学文章，这些文章对公民社会赋予了特别的意义和价值。② 在此情况下，福泽谕吉（Fukuzawa Yukichi）1866 年发表的《西洋事情》意味着现代日本世界观与历史观划时代的转变。③

在美国指挥官佩里到达日本后，日本人在西方列强面前感受到了威胁，而这种紧迫感又转化为国家开放、内部全面依照西方模式进行改革的原动力。这就为福泽谕吉的著作造成深远影响提供了条件。福泽在论著中表示，日本对西方产生兴趣不仅是基于日本相比西方列强实际上或想象中的落后所带来的威胁感，也因为日本对西方实力的渴望。在这种情况下，日本首次把关注点不仅投向了西方文明的成就（科学、技术、军事、国家结构），而且更多地转向了西方公民社会的本质，这一本质推动了文明成果的出现与发展。因此，公民对政治参与的

---

① 从表面上看，日本国家推动翻译工作的目的被认为是反对自由与人权运动。例如艾蒙德·布克的《对法国革命的反应》于 1881 年被金子健太郎翻译为日文，并由日本议会以《最重要的政治讨论》为题发表。植木荣盛则在其题为《批判布克》的文章中对布克对法国革命的批评进行了著名的反驳。参看：加藤丸山，同上，第 173—175 页。

② 由国家主导进行的翻译活动并非"去政治化"的，相反它具有反对自由民权运动的思想倾向。例如埃德蒙·伯克 1881 年出版的《对法国大革命的反思》一书被金子坚太郎译为了《政治论略》，并由元老院出版。众所周知的是，植木枝盛在自己的论文《对伯克的批判》中反驳了这些对法国大革命的思考。参看：加藤丸山，同上，第 173 页。

③ 福泽谕吉的《西洋事情》包含了欧洲政体制度、政治思想、文化史与思想史等领域的内容，超越了对当时基本的地理常识的描述，而是论述了熟知的、专业的欧洲理解。参见：伊集院律：《现代日本世界史教育中的东方史与世界史概论》，载《社会史杂志》，2009 年第 1 期，总第 56 期，第 24 页。

热情、西方公民社会和文化都成为了日本社会追求的历史发展目标。①

福泽谕吉在《西洋事情》的序言中写道,日本虽然在学习西方科学技术,但对西方各国的政治与文化生活一无所知,这是有害的。而为了更好地了解其政治和文化,人们最好阅读其历史。②

因此当日本希望参考欧洲和北美模式进行文化开放时,日本国内对欧洲历史的兴趣也迅速增长。首先日本与西方在历史观上产生了共鸣,即认为历史是从不文明的状态走向文明状态的发展,历史发展的目标是公民革命和公民政治参与的实现。③ 明治早期受欧洲历史学影响产生的史学明显带有理性主义和实证主义的特点,保持了启蒙的走向,因此可以被称作文明史史观。

在这一时期关于文明史史观的大量史学文章被译为日文。④ 亨利·托马斯·巴克勒的《英国文明史》与弗朗西斯·基佐的《欧洲文明史》在日本现代历史学奠基时期产生了巨大影响。⑤ 它们运用文明史史观,认为由独裁到共和的社会转型是一种"进步"。巴克勒将追求实现文明化、以英国文明为最终目标的知识进步史,描述为文明与野蛮之间的斗争。基佐则再次分析了市民反对封建制度和君主专制的斗争直至英法成功革命的历史。⑥ 在某种程度上说,它们对"自由民权运动"的影响是巨大的。

---

① 宫地正人:《德川幕府结束与明治时代开始的历史理解》,载《日本现代哲学概览》,第 13 卷,《历史意识》,东京,岩波书店,1991 年,第 522 页及其后。
② 加藤修一:《翻译的视角:明治时代翻译的开始——翻译的原因、内容和方式》,东京:岩波书店,1991 年,第 355 页及其后。
③ 宫地,同上,第 523 页及其后。我们可通过岩仓使团的报告观察到这一趋势。由久米邦武(Kume Kunitake)于 1878 年提交的题为《全权公使对欧美的观察报告》,是岩仓使团的正式报告。该报告从三方面分析指出,明治维新是"史无前例的深入变革":它"重建了天皇的统治",废除了分裂的藩封属地,推行了"统一的政治",以及"实行了开放国家的政策"。这个由革命立场出发的深入变革的实施加速了世界历史的发展。从江户时代结束到明治时代,将这一深入变革看作历史进步,并试图使日本立足于进步世界史中的思想,得到了许以官僚和精英为代表的日本人的好感。参见:田中彰(Tanaka, Akira):《对明治前期历史性转变的见解》,载于《日本现代哲学概览》,第 13 卷,《历史意识》,东京:岩波书店,1991 年,第 482 页及其后。
④ 明治早期,彼得·帕利(Peter Parley)的《世界历史》作为外国史在日本广泛传播。在 1872 年教育法案颁布后,文化部出版了《简史》,并将此书作为日本高级小学(5 年级到 8 年级)的外国史教科书。这本书便是翻译自彼得·帕利的《世界历史》。参看:松本通孝(Matsumoto, Michitaka):《明治时代国民外国知识培养——从对世界史教育的特殊考虑出发》,载增谷英树(Masutani, Hideki),伊藤定良(Itō, Sadayoshi)(出版人):《文化的突破与民族的统一》,东京:东京大学出版社,1998 年,第 188 页及其后。
⑤ 加藤丸山,同上,第 63 页。
⑥ 宫地,同上,第 530 页。

**2. 日本的政治转向：由英法到德国**

在文明史史观传播的同时，日本人开始翻译来自德语区的史学著作，其中代表就有西奥多·伯哈德·维尔特的《文理中学及高等国民学校世界史教材》。① 此前日本关于德国历史的知识主要间接地来自英国。例如，朱丽亚·科纳的《德国历史》对俾斯麦的专制进行了尖锐的批判②，而维特纳的德国中学教科书则是站在君主制立场上的。约翰·约瑟夫·伊格纳兹·冯·多林格尔题为"法国大革命"的讲课稿也被翻译为日文。冯·多林格尔的作品吸引了许多革命批评者的注意，他将德国文化与英法文明明确对立起来。除此以外，约翰·卡斯帕·布隆奇利的《国家学通论》中第四章"民族国家的建构与民族原则"的第三节"人类与民族本性中国家的基础条件"也被翻译为日文。③ 布隆奇利在文中强调了民族族群是构成国家的主体。④ 维特纳的教科书更早地被引入日本，而另外两部著作则在 19 世纪 80 年代被译为日文。这三个案例都表明了日本当时需要什么样的历史观：这一时期"国体"历史观在日本的影响力逐渐增强，这种历史观将天皇推到历史与道德体系的中心。

历史观的变化与政治转变之间存在着关联。首先我们应当关注 1881 年的政治斗争即"明治十四年政变"。这一年，反对不断发展的"自由人权运动"的明治政府内部爆发了有关成立议会的争论。该政治斗争的内容是，新政府中一部分计划引入以普鲁士为榜样的宪法的政客，如作为右大臣的岩仓具视（Iwakura Tomomi）和作为太政官大书记官的井上毅（Inoue Kowashi），将以英国为榜样的宪法的支持者［如参议大隈重信（Ōkuma Shigenobu）］排除出了政府的领导岗位。

日本现代化进程也带有政党权力之争的特点，而这些政党争论的焦点在于，日本应当将哪个欧洲国家作为学习模板。1881 年的斗争决定日本走上了建设

---

① 西奥多·伯哈德·维尔特（Theodor Bernhard Welter）、西邨鼎（Nishimura Shigeki）译，共 30 卷，东京，1869—1881。
② 朱丽亚·科纳（Julia Corner）：《日耳曼史略》，后藤达三译，共 10 卷，东京，1871—1876。
③ 约翰·卡斯帕·布隆奇利（Johann Caspar Bluntschli）：《民族国家的建立与民族主义》，加藤弘之译，东京，1887 年。
④ 宫地，同上，第 550 页及其后。

普鲁士式国家和学习德国模式的道路。这一分歧的结果是天皇宣布成立国家议会以及制定基于天皇而非民众同意的宪法。最终,1889年效仿普鲁士宪法的《大日本国宪法》颁布,日本天皇被承认为全面的权力中心(除此以外还是军事的最高统帅和最高的立法者)。

这也导致在科学领域,德国模式占据了主导地位。1881年,"独逸学协会"成立,并开始大量地翻译德国政体学与法学文献。① 为了促进德国政体学的研究,1887年,在伊藤博文(Ito Hirobumi)的坚决支持下,国立大学教职人员成立了"国家学协会"。该协会研究宪法学、政治学、财政学、经济学和统计学时深受德国影响。在经济学领域,19世纪80年代被翻译成日文的德国和奥地利著作的数量大幅增加。1889年日本引入的经济学文献中大约有50%来自德语区。② 在明治早期就已经出现的对德国的兴趣,随着这一冲突之后保守领导人的上台得到了迅速增强。

日本人心中西方的领导从英国、法国转向德国,导致了社会学领域和史学领域的同步转变。③ 19世纪六七十年代历史研究中效仿盎格鲁-撒克逊和法国的文明史史观现在已经过时。在德国的影响下,以社会达尔文主义为基础,关注西方强国的历史观逐步推进发展,并且留有批评公民革命和强调民族族群的特征。

在这一发展框架下,路德维希·里斯——力欧波特·冯·兰克的学生——于1887年被聘为东京帝国大学的外国专家。④ 当然人们不能将德国历史学对日本现代史学建立的影响与里斯的个人功绩一概而论。⑤ 但是人们可以看到,在接受德国学术的影响时,德国思想中自由主义的一面被有意识地排除在外。与此相反,日本学界尝试主动引入日本历史中也存在的世袭制因素。如此,日本有选择地吸收了德国的思想。当时,国家不再被认为是公民在文明发展中改革的客体,而是

---

① 石田雄:《日本社会科学》,东京:东京大学出版社,1984年,第29页及其后。
② 同上,第37页及其后。
③ 松本,同上,第194页及其后。
④ 金井圆(Kanai, Madoka)、吉见周子(Yoshimi Kaneko):《我们的父亲是外国专家——加藤雅子与L.里斯的谈话与书信》,东京,1978年。
⑤ 西川洋一(Nishikawa, Yō'ichi):《西方的天才:德国历史学对日本现代国家意识的重要性》,载格罗茨·弗洛里安、西奥·A.J.图恩(出版人):《跨越边界:宪法发展与国际化》,柏林,德国格鲁特尔法律出版社(De Gruyter Rechtswissenschaften Verlag),2007年,第40—63页。

更多地被认为是下层人民生活的保护者,并应当尽可能地保持稳定。当日本国家机构在甲午中日战争(1894—1895)后不断膨胀时,公民作为支持力量(如同早期明治时代时)的公民社会概念在日本世界观和历史观中逐步退居幕后了。①

## 五、结　　语

明治早期存在着许多日本可能选择的潜在道路。日本的现代化过程因此是选择了一条道路而排除其他道路的过程。但从明治时代的一开始,为了使这个国家能够按照西方的模式实现文明化,一种文明史的世界观和历史观就在日本被广泛地接纳了。可这也附带着日本人的问题,即人们如何理解西方(它的过去和现在),以及与此紧密相连的:应当如何构建和发展自己的未来。

正是因为这一关联,西方文明输入日本并不是对原型的忠实复制。其原因不仅仅在于概念翻译所造成的错误阐释和意义偏离,更在于这种有意识、有选择的吸收本身。此外,哪些国家形式,以及哪些西方国家已有的关于社会及公民存在的概念,对于日本而言是可以作为适用典范的?这些问题尚无定论。在历史发展中,人们对此做出的回答大相径庭。这些不同回答却有一个共同之处,即日本采用了一种将自身的未来映射在西方国家的过去和现在之中的世界观和历史观。日本的自我认识非常依赖其眼中的欧洲形象,而日本的自我认识的转变又与其对亚洲的认识的变化紧密相关。正是在欧洲与亚洲这两股外来影响复杂交织的背景下,日本进行着国家及社会的现代化。

日本关于自身和他人(欧洲及亚洲)的这样一种定位,直到现在还深深地牵制、影响着日本的世界观及国际视野。它同样启示我们,如何像日本人那样去应对诸如全球环境问题,文明社会的促进,或处理历史包袱这样的现实主题。因此,对日本的现代化历史再做一次从头至尾的考察是很有意义的。这也可以使

---

① 宫地,《西方的天才:德国历史学对日本现代国家意识的重要性》,载格罗茨·弗洛里安、西奥·A. J. 图恩(出版人):《跨越边界:宪法发展与国际化》,柏林,德国格鲁特尔法律出版社(De Gruyter Rechtswissenschaften Verlag),2007年,第559页及其后。

我们在瞬息万变的当代世界中以全新的视角思考国家、社会和公民的角色,以及日本与欧洲、亚洲的关系。

作者简介:川喜田敦子,日本中央大学文学院德国研究方向,副教授。译文由北京大学德国研究中心的苏亦煌、郭晓媛、尚静、成昱臻、田思悦等译成,由王世洲、贺询、陈昀校对。

# 新秀园地

# 止步桥头[①]

## ——诗人高特弗里德·本恩的迷途与悔悟

### 姜 丽

**内容简介**：高特弗里德·本恩(1886—1956)是德国表现主义诗人的重要代表之一。1933年,本恩一度错误地拥护纳粹政府,一年之后,他公开承认了自己的错误。几年后,纳粹政府禁止他发表任何作品。二战开始前,很多德国作家流亡海外,本恩却没有离开,为此还受到克劳斯·曼的公开指责。二战后,本恩重新公开发表言论与诗歌,受到读者的热烈欢迎。尽管如此,历史无法忘记本恩曾经支持过希特勒。对他这一行为,人们众说纷纭。

**关键词**：本恩 纳粹 历史

"荣誉的翅膀不是白色的,这是巴尔扎克的话;在过去漫长的十五年里,纳粹说我是猪猡,共产主义者说我是傻瓜,民主主义者说我是精神卖淫者,流亡者说我是变节分子,信教的人说我是病态的虚无主义者。"[②]这是本恩在二战后重返文坛时对过去做出的总结。说到自己,本恩更喜欢用海涅说歌德的一个词,那就是"拒绝时代的天才"[③]。它指的是,一个与自己的时代保持距离以更好地对其进行观察的人,一个把词语视为有魔力的咒语的人。用雷尼希的话来说,他是个"词语偏执狂"[④],因为他确信太初有言,因为在他的诗歌世界里"只有一种相

---

[①] 本文属对外经济贸易大学学术创新团队资助项目。
[②] Walter Lennig：*Benn*. Reinbek bei Hamburg：Rowohlt Taschenbuch Verlag GmbH, 18. Auflage. 1994, S. 134.
[③] Gunnar Decker：*Gottfried Benn*：*Genie und Barbar*. Berlin：Aufbauverlag, 2006, S. 495.
[④] Walter Lennig：*Benn*. S. 144.

遇,那就是在诗中用词语把事物神秘地牢牢吸附"(诗歌,1941)。

这个拒绝融入时代的天才最热爱的城市却是柏林。自20世纪初期一直到生命的终点,那里的文化氛围始终强烈地吸引着他。在这个大度的城市里,他尽可以去做他喜欢做的事情。不过,本恩并不是一个讲究吃喝、酷爱享乐的人。他也不喜欢参加朋友的聚会,即便接受了邀请,也可能在最后一刻把约会推掉。在给一位熟人蒂亚·施泰恩海姆的信中,本恩曾这样写道:"感谢您的邀请,可是我去不了。社交活动、共同的思想交流、给予与索取,这一切对我来说都很陌生……(您的)朋友们的谈话不会给我带来什么好处,也不会带来灵魂上的更新……"①

需要休息的时候,他喜欢到柏林周边去转一转,却不喜欢四处旅行,因为他不愿意接受强烈的印象。在柏林,他喜欢去的地方是两家酒馆。几乎每天晚上,他都会去其中的一个。他最美的诗就是在弥漫着烟草味的酒馆氛围中诞生的。

这个如此静默寡欢的人,最大的心愿就是回归原初。在他心中,诗歌是通往回忆和原初的一道小门:"归去,归去,那里水平如镜"。在1930年的《麻醉》组诗中,本恩写道:"原初的花/天然地对实用的幻象/对发展的存在说'不'"。1943年,在二战还未见到曙光的时候,本恩写下了引人深思的《静态诗》,其中再次流露出类似的思想:"疏离发展/是智者的深刻,/孩子和孩子的孩子/不会令他不安,/不会逼入他的心。代表一个方向,/行动,/踏上旅程/都表明这个世界/什么也看不清。"

对世界抱有这种观点的人似乎并不适合生活在充满混乱和新奇的大都市里。一位朋友回忆说:"有时,当他以为没有人看到自己的时候,当他在一座大城市的车流与行人中,站在十字路口等待的时候,他看起来就像一个受惊的、迷路的孩子。"②

不仅是他和周围的环境好似一对矛盾,就是他这个人也是由很多的矛盾构成的,其中就包括他的面孔:一双目光深邃的眼睛令一张平常的方脸不再平常。这目光镇静地看着四周,焦点却远远地定在事物的后面。当他扮演医生的时候,

---

① Walter Lennig: *Benn*. S. 80.
② Gunnar Decker: *Gottfried Benn*. S. 495.

他是一个理性而现实地为人治疗皮肤病与性病的人,还发表了与专业有关的学术论文,他做事就是不喜欢业余水平。然而当他独坐灯前,写下一行行诗句的时候,陶醉他的则是非理性。于是他的生活自然就具备了双重性,不过这并没有让本恩感到痛苦,正如他所说:"这种双重生活,我不仅觉得很舒服,甚至一辈子都在有意识地培养它。这种生活并没有让我感到难受,我看起来就像一个军士,我的书也只有很小的一个圈子知道。我曾经给一位医生做过两年助手。我到他身边一段时间后,他问我:我常在报纸上看到您的名字——真的是您吗?我还以为除了癌症统计和腹膜穿孔以外,不可能和您谈任何事情呢。"①

这位本恩医生不仅在报纸上发表诗歌,而且竟是个超凡的诗人。1930年,克劳斯·曼曾在一次报告中说,本恩是"今日德国最强有力的语言创造者"②。在他1933年写给本恩的质问信中更是写道:"这个名字就是最高水平和极端纯净的典范"(全集:1695)。能够达到这一水平的诗人无疑是个天才。按照康德的说法,一个天才完全不知道自己的作品是如何诞生的。③ 在谈到让他一举成名的《停尸房》组诗时,本恩说,当时"正是晚上……那是一组六首诗,它们在同一时刻升起、跃出,出现在那里,此前没有一丝痕迹……"(全集:1911)这一天分并没有因为纳粹的影响而受损,相反,1948年,当一度在军队里做"贵族流亡"的本恩走出纳粹阴影,重新登上德语文坛时,他的诗歌引起了更大的关注。

就在这一年,他的诗集《静态诗》在瑞士的方舟出版社出版。人们对它的反应异常狂热。阿尔弗雷德·安德施称这些诗"不是纯粹的思想诗",而是"某种更高层次的东西,那就是:词语的魔力,根本无法进一步解释"。这是"精神那另一种幸福"的证明:"贯穿所有这些诗歌的是一种深刻的痛苦和对孤独、断念的伟大的感觉"。④ 而恩斯特·克罗伊德则看到,"写作艺术"与本恩一起再生,战后

---

① Gottfried Benn: *Gesammelte Werke*. Bd. 3, Frankfurt am Main: Zweitausendeins, 2003, S. 2002. 后文出自同一著作的引文,将随号在括号内标出该著作名称首词和引文出处页码,不再另行作注。
② Hillebrand, Bruno(Hg.): *Über Gottfried Benn. Kritische Stimmen 1912-1956*. Frankfurt a. M.: Fischer Taschenbuch Verlag, 1987, S. 83.
③ See Immanuel Kant: *Kritik der Urteilskraft*. Hrsg. von Karl Vorländer. Hamburg: Felix Meiner Verlag, 7. Aufl. 1990, S. 161.
④ Hillebrand, Bruno(Hg.): *Über Gottfried Benn. Kritische Stimmen 1912-1956*. S. 171.

德国又有了属于自己的德语文学。①

1953年,本恩从德国总统豪斯手里接过了联邦十字勋章。事实上,早在1934年,豪斯就曾以非凡的勇气就本恩所发表的杂文集《艺术与权力》发表了一篇文章,对本恩做出了准确的性格描画。在本恩的这本书里,豪斯看出的是:"艺术不是做出来的,不是按照国家命令出现的,它与天赋相连,无法协商,也无法谋取。"②

就是这样一位平凡而又杰出的诗人,自1956年去世后便吸引了越来越多的研究者。2006年,在德国表现主义诗人的重要代表高特弗里德·本恩去世五十周年之际,德国再次推出了一批关于本恩生平与作品的评传,其中古恩纳·戴克尔的《高特弗里德·本恩——天才与蛮荒者》一书对本恩的评价尤为引人深思。在书的封面上我们可以看到这样一段话:"牧师之子、医生、诱惑者、矛盾大师、现代派诗人。1912年一鸣惊人:成长中的皮肤病与性病病理学家、医生发表了表现主义诗集《停尸间》,把世界称为'癌症病房',给文明一记重击。作为一个极端粗鲁的保守主义者,本恩试图在魏玛共和国重新确立自己的位置。1933/1934年,他犯下了最大的罪过:这位现代派诗人为纳粹效力,欢庆'新愚人'的到来,嘲讽流亡者。于是就有了一个简单却难以作答的问题:为什么这位诗人做人如此失败?为什么在政治上会走错路?奇怪的是,他的创作并没有这一错误的痕迹。相反,每个错误都让他的创作更为有力。"③

面对这一系列的疑问和不解,我们首先需要考虑的是,到底是什么让本恩有了这一年的污点,而他为什么会在短短的一年后就"幡然悔悟"。

及至50年代初,也就是本恩去世之前,人们对本恩的这一行为给出的解释是:那是一个**误会**。二战后的德国人似乎更喜欢这位和他们共同经历和感受过纳粹政府的诗人。这里的大多数人更喜欢有个崭新的开始,把战争和希特勒的阴影远远抛在脑后。雷尼希在为本恩撰写的传记中强调说,本恩丝毫不懂政治,他不认识政治家,也没有任何属于某个党派或者社团的朋友告诉他,希特勒和他

---

① Gunnar Decker: *Gottfried Benn: Genie und Barbar*. S.398.
② Hillebrand, Bruno(Hg.): *Über Gottfried Benn. Kritische Stimmen 1912-1956*. S.128.
③ Gunnar Decker: *Gottfried Benn: Genie und Barbar*. Titelblatt.

的党到底意味着什么。①

1950年,本恩发表了自传《双重生活》,为自己在1933年的行为做出了辩护。本恩解释说,在他1933年写给流亡作家的回信中,某些段落"有一种让人不舒服的激昂情绪,充满了'命运的狂喜'"。不过,他的这封信并不是在为纳粹做宣传。他所关注的核心问题是:"民众的权利,给自己一个新的生命形式的权利,即便这个形式不合别人的意"(全集:1946)。

与此同时,本恩也全文收录了当时年仅27岁的克劳斯·曼写给他的那封充满复杂情感的信,以对这个比他年轻却成熟的人表示敬意。对克劳斯·曼,本恩还是抱有歉意的,因为这位曼氏后代非常敬仰本恩。也就是在这一年,本恩明确表示:"我的错误很可怕,也很可耻。"②

那么,本恩在写给以克劳斯·曼为代表的流亡作家的信中到底说了些什么呢?首先,本恩解释说,留在国内的人有幸亲身体会了"大众"这个概念,对"具有民族性的"东西有更为切实的理解。认为流亡者"错过了观看充满了形式和图像的历史在完成自己或许是悲剧性的,但无论如何是由命运决定的伟业",其"内在的过程,朝着这个方向发生作用的具有创造性的力量""使一个最初反抗的观察者经历了一次深刻的改变"(全集:1696)。

面对克劳斯·曼在信中的嘲笑:您"先是信仰非理性,然后就是对未开化阶段的向往,由此就和阿道夫·希特勒同道了"(全集:1698),本恩的回应则是:"非理性的意思近于创造,有创造力"(全集:1698)。本恩试图让这位年轻人明白:

> 现在发生在德国的事情根本不是什么政治花招,可以任人用熟知的辩证方式曲解,说得一无是处。从生理上来看,这里出现的是一种全新的人——历史发生遗传突变,一个民族正在进行自我培育。不过,作为这一培育理念的基础,这种新人所拥有的本质是:虽然理性,却首先是神话式的,深刻的。考虑到这种人的未来,首先要让他的根基变得高贵……(全集:1698)

---

① Walter Lennig: *Benn*. S. 116.
② Siehe: Werner Rübe: *Provoziertes Leben. Gottfried Benn*. Stuttgart: Klett-Cotta Verlag, 1993, S. 312.

不过,本恩强调说,自己并不属于希特勒的党派,"我和他们的领导者们没有任何关系,我不指望结交新朋友。让我写下这封信的是我狂热的纯净……我思想与情感上的纯净。这一纯净的基础您在历史上其他的思想者身上都会看到。一位思想家说:世界历史不是幸福的土壤(费希特);另一位说:各个民族要呈现某种伟大的生命特征,而且全然不顾个体是否幸福,不想让尽可能多的人感觉生命的快乐(布克哈特);还有一个人说:人变得越来越小,这就推动着人去培育一个更为强大的种族。而且:一个统治种族最初诞生的时候只能是可怕而残暴的。问题是:20世纪的野蛮人在哪里(尼采)。那个自由而个人主义的时代把这一切都忘记了,它在精神上也没有能力把它当作一种要求来接受,在政治结果上不去考虑它。这时危险突然出现了,集体突然浓缩了,每个人都必须单独出现,文人也是如此,他要做出抉择:是坚持自己的个人爱好,还是唯国家马首是瞻。我选择了后者……"(全集:1703—1704)于是,本恩不得不和流亡的作家们说再见了。

对这个积极谋求新生的国家及其元首,30年代初的本恩有着与那些流亡作家完全不同的理解。在杂文《培养I》中,他写道:

不可预见的历史转变在政治上首先以一个概念为中心获得自己的形式:集权国家。与过去一个世纪被挫败的多元国家相反,集权国家坚持权力与精神、个人与集体、自由与必要的同一,它是一元的、反辩证法的、长久的、独裁的。这是西方历史上得到最高培养的行政概念,在过去的文化区中,埃及和尤卡坦与之接近。在这次转变中出现的一个具有煽动性和综合性的新概念是"元首"。元首不是权力的化身,也不是暴政原则,而是被视为最高的精神原则。元首是富有创新的,这个词包涵了责任、危险和决定,也包涵了通过他得以显示的历史意志中所有非理性的东西,此外还有一种极大的威胁(没有这一威胁,他就是不可想象的),因为他不是我们的典范,而是例外,他所依据的是他自己,人当然也可以说,他被委以重任,他所追随的是燃烧的荆棘丛里发出的声音,他要去那里,去看那伟大的异象。在我们这里,百姓慢慢把自己交付给这个元首:在一场历经十年的公开在每个人面前进行的战斗中,他们一起征服了这个帝国,任何一个力量都不能阻挡他们,任何反抗都不能拦住他们的脚步,而且也没有什么其他的力量了——,这里也表现出了历史转变的强有力与不可回避,它在不断扩大的力量。①

这段文字让我们看到,本恩在想象中把希特勒和"伟大"这个词连在了一起,为独裁政府找到了历史依据。在他的想象中,这个元首是像摩西一样的人物,是被挑选出来的担当重任者。继而他又把希特勒对纯净种族的要求与摩西相比,认为摩西就是这样保证犹太民族的纯净的。这无疑是个巨大的错误。这位深谙世界文明进程与各种古代文化的诗人天真地在历史与神话中为当时的现实寻找解释,当然无法预见以前从不曾发生的事情。

希特勒出现后,在一战与随之而来的经济危机的重击下一度陷入精神与物质低谷的德国重新振奋起来,似乎看到了美好的明天。正如学者李伯杰在《希特勒的政治秀》一文中所描述的那样,希特勒让大批失业者武装起来,重振社会秩序,让看不到出路的底层人重新感受到希望,让散沙一样的民众重新找到强烈的归属感。②

面对这个看似昂扬的社会,本恩天真地想到:"欧洲会再次出现一种新人,一半是由于突变,一半是因为培育:那就是德国人。"不过,他心中的这种新人"不会起来反对任何人"③。根据他的理解,之所以会有这样的新兴德国人,是因为德国经历了"根本性的危机,真正的震撼,世界上任何一个民族都没有这样被搅乱过"④。在本恩看来,依然蒙在一战阴影中的德国正面临着一个巨大的转折,德国将出现一位决定德国历史走向的人物。无论是对这个人物,还是对这个时代他都充满了期待,近于对神话的期待。

而托马斯·曼于1930年7月在《新评论》上发表的《生活简况》也给本恩带来精神上的支持。在回顾自己在一战中的经历时,托马斯·曼写道:"我一起承受着精神德国所遭受的命运的打击。在这个德国的信仰中有如此之多的真理和谬误、公正与不公,经历了如此可怕的教训,从大的角度来看,却是有益的、促进

---

① Benn: *Gesammelte Werke*. Bd. 2, S. 776.
② 参见李伯杰:《希特勒的政治秀》,载《读书》2011年第9期,第105—112页。
③ Benn: *Gesammelte Werke*. Bd. 2, S. 778.
④ Ebd.

成熟与成长的。我和我的民族一起走完了这条艰难的路,我所经历的每一个阶段都与他们一致,因此我对此表示赞同。"①这句话更让本恩感到自己在这一时期的言行也是合理的。

然而让他未曾料到的是,自己所肯定的元首将会以怎样的残忍去挑战人性与人道。而让他对希特勒抱有肯定态度的除了上面所阐述的原因以外,还有一个重要因素,那就是纳粹意识中的非理性成分。克劳斯·曼也承认,令本恩如此狂热地赞美的纳粹的确有着强烈的吸引力。在《转折点》中,克劳斯·曼写到自己对纳粹"魔鬼般的好感"源自于"非理性的猛烈"。……如果说"'非理性的'以其温柔的梦幻般,与性欲相连的表现形式让我觉得快乐",然而"它富有攻击性的残暴的表现也让我惊恐不已,特别是当它可能拥有破坏性的大众歇斯底里的特征时"。②

与克劳斯·曼不同的是,本恩把非理性和创造力连在了一起,却没有看到它潜在的破坏力。在《培育 I》中,本恩写道:"如果国家是靠街道照明和下水管道来维持的,罗马就不会没落——:让一个国家存在下去的,很可能是一种内在的精神力量,是来自黑暗的非理性中富有创造性的物质。"③

1931 年,本恩对原初与非理性的神秘力量的向往令一位名为维尔纳·黑格曼的建筑师找到了攻击本恩的靶子。在左翼民主党的周刊《日记》中,黑格曼这样写道:"'人还不曾在任何一件事上战胜过自然,最多只是捕捉到它永恒的谜团和秘密的无比巨大的面纱的这个或那个小角,并试着把它掀起来。'这不是本恩的话,不过完全是以本恩诗意的、神秘化的口吻写的,其作者是本恩的同代人阿道夫·希特勒(《我的奋斗》,S.314)④。高特弗里德·本恩也以同样的精神在他的《观点的结论》⑤中写道:'他永远会在任一地方出现。对他来说,所有的生命都只是来自深处的一个呼唤,那是一个古老而久远的地方。所有短暂的东西都是一个未知的原始经历的比喻,而这原始的经历就在这短暂的生命中寻找着

---

① Wellershoff, Dieter( Hg. ): Gottfried Benn, *Gesammelte Werke*. Bd. IV, Klett-Cotta, Stuttgart, 1986, S. 85.
② Mann, Klaus: Der Wendepunkt. Rowohlt, Reinbek bei Hamburg, 1993, S. 348.
③ Benn: *Gesammelte Werke*. Bd. 2, S. 609.
④ 此处为原文注释。
⑤ 本恩于 1930 年发表的作品。

回忆.'我们的兄弟本恩在写到这神秘的回归者时大概不仅仅想到了希特勒和他慢慢出现的第三帝国……"①

本恩的传记作家雷尼希强调说:本恩从来没读过《我的奋斗》这本书。德国总统豪斯则一语中的地说:"本恩建构了一个属于自己的民族社会主义。"②可以说,希特勒可能会对犹太人,对他国所施加的暴力,本恩并没有想到。此外,"我们不可忽视的一个事实是,在本恩所有的文字和书信里都没有任何反犹的话,甚至连可能被误解为反犹的表述都没有。"③

虽然本恩对希特勒的民族复兴之路表示支持,又有人把他和希特勒的思想连在一起,但是在希特勒的眼里,本恩的"艺术品在实践上是毫无结果的","注定让艺术家在历史上毫无影响"④。1933年2月15日,本恩被任命为艺术科学院诗歌部临时代理人,同年6月8日就被撤掉。7月27日,本恩最后一次参加科学院的活动。1934年,他放弃了"全国作家联盟"理事会中的职位。1938年3月,本恩被开除出"帝国作家协会",不可以再从事有关职业。就这样,本恩一步步远离公众的视线,原因很简单,因为他是表现主义者,一个赤裸裸地阐明资本主义世界必然灭亡的人。此外,本恩还站在纳粹的敌人一边,他们是:犹太人、世界主义者和病人。

而对本恩来说,表现主义则是他一生的坚持,尽管这一流派宛如昙花一现,1925年后就分崩离析,本恩却一生行走在这条孤独的路上。对他来说,表现主义是从深刻认识自我入手,认识人类、实现圆满的一个途径。对一个不信上帝的人来说,艺术就是至高无上的。"艺术始终是孤独而崇高的世界。它遵从自己的法则,表达的也只是它自己。"⑤

然而,本恩没有充分认识到的是,对纳粹首领来说,艺术只是存在的权力展示。他依然希冀这些将左右德国命运的人能够理解艺术,理解表现主义,允许这一流派的艺术家们存在于这片国土上。为此,他不得不曲折地向当权者提出异议:

---

① Lennig:*Benn*. S. 97.
② Hillebrand, Bruno(Hg.):*Über Gottfried Benn. Kritische Stimmen,1912-1956*, S. 128.
③ Lennig:*Benn*. S. 120.
④ Ebd., S. 97.
⑤ Wellershoff, Dieter(Hg.):*Gottfried Benn, Gesammelte Werke*. Bd. IV, S. 290.

......艺术不是一种成就,而是超验存在的重要事实,这决定了未来,这是德意志帝国,还有:白色种族,它的北方部分;这是德国的天赋,它的声音,它向正在下滑的受到损害的西方文化发出的呼唤……

对艺术事业所抱有的巨大决心一定会允许一个小小的异议存在,这就是以下我就一个艺术问题所要说的话。对一种全新的伟大的德意志艺术的信仰形成了一个强大的战线,现在,这一战线无异于对德国上一个时期的风格和形式意志的拒绝。人们已经习惯性地把这一时期称为表现主义,而这一战线就是反对它的。不久前在柏林的体育官举行的一次大型政治集会上,莱茵故乡博物馆管理员在帝国部长们面前宣称:表现主义绘画是蜕化的、无政府的、故作风雅的,还说表现主义的音乐是文化布尔什维主义,整个表现主义就是对大众的嘲笑。与此同时,表现主义文学也受到公开谴责:一个著名的德国作家会毫不犹豫地说,逃兵、囚徒和罪犯构成了这一代人的氛围,以巨大的喧哗搞来他们的商品,就像骗人的交易所投机者搞来不可靠的股票一样。在提到这些人时,他的表现真可谓放纵无耻。他还列举了他们的名字,其中就有我的。(全集:802)

可以说,帝国对表现主义的轻视态度令最初还心存希望的本恩开始了反攻。1933年,本恩在《表现主义》一文中写道:"首先我们要澄清一个问题,表现主义不是伤风败俗的德国文风,也不是外国的阴谋诡计,而是一种欧洲风格。"(全集:804)

这是因为在意大利发展得红红火火的"未来主义作为一种风格,也称立体主义,在德国主要被称为表现主义,在经验的转换上形式多样,内在的基本态度却是一致的,那就是真实的毁灭,毫无顾忌地回到事物的本源——在那里,事物再也不会受到个人感受的润色、造假,不会被软化,变得可以利用,然后被塞到心理过程中去。在那里,事物会在绝对的'我'远离因果的长久沉默中看到富有创造力的精神带来的罕见使命。"(全集:805)

此外,这一风格并非现代人首创的什么颓废艺术,因为德国的经典文学中就已经有了它的萌芽,其中最为有力的证据就是歌德:"整个19世纪都预告了这一风格的到来。在歌德的作品中,我见到大量纯粹表现主义的段落,例如著名的诗句:'失去了牙齿的颌骨格格发抖,哆哆嗦嗦的骨骼,最后一束光的陶醉者'等。这里,单个的诗句间没有了内容上的联系,只有表达意义上的关联;不是完整地展示一个题目,而是纯粹超验式的内在的激动,神奇的关联强迫建立了诗句间的联系。在《浮士德》(Ⅱ)里有大量这样的地方,总的来说,尤其在老年歌德的作品中。克莱斯特也是这样,'彭忒西勒亚'……尼采……荷尔德林……"(全集:805—806)

由此可见,本恩之所以在1933年公开支持希特勒,并没有什么不可告人的目的。这一决定首先源于他对德国复兴的渴望以及对现实的误读。和很多德国人一样,本恩急切地盼望自己的祖国重新崛起,傲立于群雄之间。这一迫切心情使他过早认定希特勒便是那个有着巨大使命的人,一个能够带领德意志民族走出历史低谷的人。正如戴克尔在《天才与蛮荒者》中所写的那样,本恩"在那一年恰恰没有能力把艺术与政治、表面与内里、遥远的神话和身边的日常实践截然分开。这些必要的区分都在'唤醒民众'这令人陶醉的宏伟行动中混杂在一起。一场阴郁的戏剧,贵族精神的没落,它已经失去了保持距离的能力"[①]。此外,让本恩公开支持希特勒的还有一个原因,那就是他为艺术而心存的侥幸。

在纳粹攻击表现主义之前,本恩一度以为自己对社会的新走向公开表示支持,对元首及其手下的艺术修养的赞美会使自己热爱的表现主义艺术能像意大利的未来主义一样成为时代的主流。令本恩无法理解的是:为什么意大利的法西斯主义者许可的事情,德国的民族社会主义者就不允许呢?其实,那时他还没有充分认识到,希特勒讨厌一切病态的、感伤的艺术,他要的是高大的、英雄式的、雄伟的艺术。而表现主义却痛苦地预言世界的灭亡、反对战争、描述病态。这无一不是希特勒所要扫除的因素,而公开铲除表现主义对公众的影响对纳粹来说只是个时间的问题。

就在捍卫表现主义,捍卫艺术时,本恩显示出了自己勇敢的一面。"在当时(1934年秋)如果本恩的转向比这更为无所顾忌的话,肯定就要有生命危险了。当时,本恩还曾努力证明自己是'雅利安人的后裔'。对此,今天的人既不该生

---

① Decker: *Gottfried Benn: Genie und Barbar*. S.234.

气,也不该感到意外。尽管当时人们还根本想不到希特勒会下令'最终解决'犹太人,医生们就已经要填写一份调查问卷,其中就有雅利安人证明这一项。谁没有这一证明就要被取消行医资格。当时,仅仅是因为怀疑本恩并非雅利安后裔,本恩就已经不能为病人开具病假证明了。对此和其他一些事情进行嘲讽是容易的,不过,由此而生指责,却是愚蠢的。"[1]雷尼希的这一论断无疑是公允的。

　　反抗失败后,本恩走上了内心流亡之路。虽然不得不在寂寞中求得生存,本恩却并没有停止思考,停止自己的追求与追问。1934,本恩在一首《在桥头》中对自己走错的这一步进行了反思:"我一度想得太远,/ 现在我放下一切/ 摆脱新势力/ 的纠结。……不在任何权势面前低头,/不在任何迷醉面前止步,/ 思想家啊,/你就是饮料和啜饮本身。你不是牧羊人/ 不会吹着短笛漫步,/ 如果你走错了路,/ 永远得不到宽恕。"

　　尽管本恩对他人的宽恕不抱希望,他的诗却让他赢得了宽容,赢得了一代又一代人的爱。从莱尼希为本恩撰写的传记中我们可以看出,本恩的同代人虽然对他的行为深表遗憾,但还是愿意宽恕他的,因为他勇敢的悔过,也因为他的诗歌。如果你能读懂他的诗歌,一定会为其忧郁的深刻所折服。在他笔下,一首诗看似平淡地开始,却可以慢慢把人引向过去,引向神话时代,甚至远古的原初、灵魂的至深处……

　　今天,当我们重新回顾本恩的 1933 时,我们依然百感交集。或许这一年的迷途更使本恩对自己、对历史、对生命乃至人性都有了深刻的认识,而他在这一过程中所感受到的痛与悔、生发的渴望与希冀也使他的诗歌更加震撼人心。或许这就是《天才与蛮荒者》的作者戴克尔先生所要找寻的答案吧……

作者简介:姜丽,对外经济贸易大学外语学院德语系,副教授,代表作:"*Wo die Philosophie aufhört, muss die Poesie anfangen*"—*Konzeptuelle Metapher: ein Schlüssel zu Gottfried Benns Gedichten*. Frankfurt a. M. : Peter Lang Verlag, 2009.

---

[1] Lennig, *Benn*, S.120.

# 多元视角与异国元素

## ——试析维兰德小说《金镜》的中国话语

### 邓 深

**内容摘要**:维兰德小说《金镜》(1772/1794)在形式和内容方面的两个特色是其多层次的叙事结构和小说当中的中国话语,本文试图分析此二者间的关系。本文首先概述维兰德在小说当中如何通过多层次的叙事结构建构出多视角认识模式;继而,通过分析"中文译者"视角的特点及该视角在小说编者叙事层面的多视角建构中发挥的作用,梳理小说编者叙事内部的中国话语如何参与了小说多视角认识模式的建构;最后文章展示出,小说编者叙事内部的中国知识和中国图像由于处于这一多视角认识模式当中,其本身也被"视角化"了,小说对于中国图像的建构是一种"视角化"建构。

**关键词**:维兰德 《金镜》 多视角 中国元素 中国话语

## 一、维兰德的多视角论

18世纪德国作家克里斯托弗·马丁·维兰德(Christoph Martin Wieland)(1733—1813)的创作特点之一,是在其作品当中建构一种多视角的认识模式。[①]通过这种多视角认识模式,同一个客体可以从不同视角被观察,从而产生多样的

---

① 参见 Klaus Schaefer: *Christoph Martin Wieland*. Stuttgart, 1996, S. 56; Anja Oesterhelt: *Perspektive und Totaleindruck: Höhepunkt und Ende der Multiperspektivität in Christoph Martin Wielands* Aristipp und Clemens Brentanos Godwi, München, 2010, S. 24.

观点和认识。从西方思想史上来看,这种文学作品中的多视角认识模式带有鲜明的启蒙运动色彩,概括地说主要源于"启蒙后基督教不再具有绝对权威,取而代之的是不同思想主张、人文思潮";①在这个意义上,这种多视角认识模式可以看作启蒙之后"多元的思想、观念取代恒定的对世界的认识,各种思想形成相互交锋、对峙,又相互渗透、融合之势"②的文学化表现。维兰德自己在其 1778 年发表于刊物《德意志信使》( *Der Teutsche Merkur* ) 的诗体小说《沙赫·洛洛》( *Schach Lolo* ) 当中关于"真正的观察者( der wahre Seher) "的一段话,可以说形象地定义了这种多视角认识模式:

> 这尘世当中的每一样事物/从来不是它所呈现的样子——你们将它放置到一处之后,它才呈现成为这样;/从远看它则小,你们近看时/它则大,而且随着它**针对你们**做出的不同表现,/它有时好,有时糟糕。真正的观察者/是选对了立足点的那个人。③

另一方面,如果从维兰德自己建构多元视角的基本创作立场出发,即便是在"真正的观察者"这个词背后,细心的读者仍能读出细微的反讽意味。研究者赫尔伯特·姚曼( Herbert Jaumann) 便在对于这个词的文本注释中写道:"维兰德在此处提出了他的多视角论( Perspektivismus) ,根据这一立场,用今天的话来讲,任何一种对于真理的认识基于尘世的不完善和社会的冲突纠纷都是受到认识立场制约的。因此所谓'真正的观察者'是明显的反讽。"④按照姚曼此处的阐释思路可以认为,维兰德不仅认为人们对事物的认识受到其立足点制约,而且对于是否存在认识论意义上完全正确的观察立足点,同样存有疑虑。

另一位研究者克劳斯·沙弗尔( Klaus Schaefer) 则以维兰德小说《阿伽通的故事》( *Geschichte des Agathon* ) ( 初版于 1766 至 1767 年) 为例指出,维兰德在其

---

① 谷裕:《德语修养小说研究》,北京:北京大学出版社,2013 年,第 110 页。
② 同上,第 114 页。
③ Christoph Martin Wieland: *Der goldne Spiegel und andere politische Dichtungen. Nach dem Text der Ausgaben letzter Hand und der historisch-kritischen Akademie-Ausgabe. Anmerkungen und Nachwort von Herbert Jaumann.* München,1979, S. 688. 黑体字为原文字母间距离加宽以示重处,以下不再专门注出。从该文集当中引用的维兰德文本,以下只在引文后面括号中注出页码。
④ Christoph Martin Wieland: *Der goldne Spiegel und andere politische Dichtungen.* S. 852.

作品中主要以多层次的叙事结构为手段来建构多视角认识模式。① 这一结论应该说同样适用于维兰德的另一部小说《金镜》。《金镜》全名《金镜或谢西安的国王们——一部译自谢西安文的真实历史》(*Der goldne Spiegel* oder *die Könige von Scheschian. Eine wahre Geschichte aus dem Scheschianischen übersetzt*)，初版于1772年，第二版出版于1794年，并增添了新的结尾。该小说作为维兰德在爱尔福特（Erfurt）生活期间完成的最后一部作品②，尤其在他的政治作品序列中占据重要位置。③ 而另一方面，《金镜》的主体情节可以说自始至终处于多视角认识模式的关照之下。以下本文便将首先分析，维兰德在《金镜》当中如何通过多层次的叙事结构建构出多视角认识模式。

## 二、小说的多视角认识模式

小说《金镜》具有复杂的三重叙事结构。第一重，也是最外一重的叙事层面，是一个虚构的编者叙事（Herausgeberfiktion）。值得注意的是，这个编者叙事本身也具有复杂的结构。小说以一篇"中文译者献辞"和一篇貌似由小说德文出版者亲自撰写的"导言"作为开端。在这篇"导言"当中，所谓的"德文出版者"叙述了这本书的产生过程。这本书产生的最初缘由是：在一个印度的宫廷当中，两位大臣组织编写了这样一本讲述印度曾经的邻国谢西安（Scheschian）历史的书，为的是每天晚上由专人给印度的君主沙赫·盖巴尔（Schach-Gebal）朗读，一方面给这位君主催眠，另一方面也可以潜移默化地给他灌输一些治国和做人的道理（23页）。所以这本书最初是由谢西安文史料译成古印度文字的。根据德文出版者的叙述，这本书后来又从古印度文字被译成了中文，由中文被译成了拉丁文，由拉丁文最终在1772年被译成了德文（24页）。在这样一个虚构的翻译

---

① 参见 Klaus Schaefer: *Christoph Martin Wieland*. S.56.
② 参见同上，第120页。
③ 有研究者指出：在《金镜》当中，维兰德第一次将"治国术（Staatskunst）"置于作品情节的中心。参见 Torsten Walter: *Staat und Recht im Werk Christoph Martin Wielands*. Wiesbaden, 1999, S.124.

过程基础之上,小说当中还出现了各位译者/出版者的虚构的注释。这些注释不仅来自古印度文字、中文、拉丁文和德文译者,还来自一位匿名评论者。这些人在各自的注释当中不仅评论被他们所翻译的前一版书稿的内容,有时还对于其前一位译者的注释做出评论。除此之外,小说的编者叙事还包括德文出版者多次打断小说情节进程而针对读者直接做出的编辑性的说明和补充。由此可以说,《金镜》的编者叙事作为小说最外重的叙事层面,由"中文译者献辞"、德文出版者"导言"、不同来源的各种注释和德文出版者的编辑性说明四部分组成。①

小说《金镜》的第二重叙事层面是在印度宫廷当中,宫廷哲学家达尼士满(Danischmend)和沙赫·盖巴尔的宠妾努耳曼哈(Nurmahal)对于谢西安历史的讲述、评论及沙赫·盖巴尔对于他们的讲述做出的反应——也就是主要发生在哲学家和君主之间的宫廷谈话的叙事层面。《金镜》的第三重,也是最核心的叙事层面,才是由哲学家和宠妾所讲述的谢西安历史故事。②

在《金镜》复杂的三重叙事结构基础之上,小说的多视角认识模式得以建构。从编者叙事的内在结构出发,小说在这一层面上主要提供了四种独立的视角:中文译者、拉丁文译者、德文译者和匿名评论者的视角。这些视角在小说中一方面关联宫廷谈话和谢西安历史这另外两个叙事层面;另一方面则因他们有时还对于其前一位译者的译稿或注释做出评论,而在编者叙事内部按照一个等级秩序自我关联。需要强调的是,小说中这四种视角的独立性是由这些在编者

---

① 值得一提的是,这种结构复杂的编者叙事作为文学形式并非维兰德所原创。事实上,《金镜》的这一编者叙事在形式上明显借鉴了18世纪法国作家克劳德-普洛斯佩·乔里约·德·克雷比庸(Claude-Prosper Jolyot de Crébillon)出版于1734年的小说《漏勺》(*L'Écumoire*)。参见 Christoph Martin Wieland: Der goldne Spiegel und andere politische Dichtungen. S.725, 758; Herman Meyer: *Das Zitat in der Erzählkunst: Zur Geschichte und Poetik des europäischen Romans*. Stuttgart,1961, S.93, 94. 另一方面姚曼指出,《金镜》在文学形式上同样处在17世纪和18世纪中前期的欧洲君主教育文学(Fürstenspiegel)影响之下——在此类作品中,虚构的文本来源史和文本翻译史是很常见的。参见 Herbert Jaumann: Nachwort, 载于: Christoph Martin Wieland: *Der goldne Spiegel und andere politische Dichtungen*. S.859-889, 此处: S.865.

② 一方面可以看到,《金镜》在第二重叙事层面上设置的每晚进行的宫廷谈话这一叙事情境明显借鉴了从1704年起开始在欧洲出版的、由法国东方学家安东万·加朗(Antoine Galland)翻译的《一千零一夜》。另一方面赫尔曼·迈尔(Herman Meyer)指出,《金镜》的这一叙事情境同样指涉了克雷比庸的另外两部小说《沙发》(*Le sopha*)(1742)和《如此童话!》(*Ah, quel conte!*)(1754/1755)。参见 Herman Meyer: *Das Zitat in der Erzählkunst: Zur Geschichte und Poetik des europäischen Romans*, S.93-94. 姚曼则进一步认为,克雷比庸的小说也是按照《一千零一夜》的模式构思的,克雷比庸实际成为维兰德在《金镜》当中借鉴《一千零一夜》文学形式的中介。参见 Christoph Martin Wieland: *Der goldne Spiegel und andere politische Dichtungen*. S.724-725; Herbert Jaumann: Nachwort, S.860.

叙事中出现的人物其各自的独特性所保证的——这些译者或评论者在小说中通过其注释或评论话语而被间接塑造为性格和特点迥异的人物。小说宫廷谈话的叙事层面主要提供了哲学家达尼士满和君主沙赫·盖巴尔两种独立的视角。一方面,这两种视角通过哲学家和君主对于谢西安历史的评论和探讨关联谢西安历史的叙事层面;另一方面,小说通过达尼士满的视角同样反思了在宫廷谈话层面被建构的这种君主教育模式自身。① 在进入下一节之前,本文首先以简单的图示表示出小说《金镜》的三重叙事结构②:

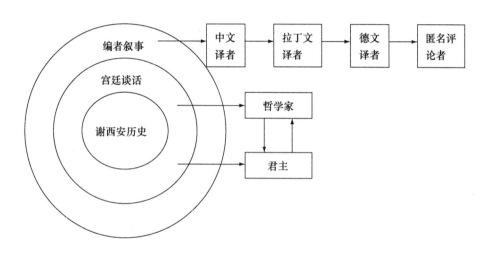

## 三、编者叙事内部的中国话语

概括地说,小说《金镜》在编者叙事层面提供的四种视角各有其特色:拉丁文译者的视角带有一种被反讽式地塑造的"学术"色彩;在小说当前文本的"形成"过程中,德文译者兼出版者对于小说文本的"编辑"和"取舍"显得具有主动性;而匿名评论者视角的特点则在于超出小说叙事结构之外的普遍效力和现实

---

① 值得一提的是,君主沙赫·盖巴尔在对于哲学家讲述内容的评论当中表现出的敏感思维和反思意识,在很大程度推动了宫廷谈话的继续进行——迈尔指出,正是在这一点上《金镜》的君主形象区别于其在克雷比庸作品当中的原型。参见 Herman Meyer: *Das Zitat in der Erzählkunst*: *Zur Geschichte und Poetik des europäischen Romans*. S. 94.

② 限于本文篇幅,以下只部分地分析小说在编者叙事层面上对于多视角认识模式的建构。

关联,有时其视角甚至接近维兰德本人。本节的分析将集中于中文译者的视角特点。

小说《金镜》在内容上的一个特色是维兰德在其中加入的中国元素,由此,这部小说也为研究18世纪欧洲启蒙时期的"中国风尚"(China-Mode)从文学史角度提供了一份可资利用的素材。在小说编者叙事的四个组成部分——"中文译者献辞"、德文出版者"导言"、不同来源的各种注释和德文出版者的编辑性说明当中,都可以找到中国话语。实际上,小说虚构的注释系统中出现的中国话语大部分都出自由中文译者本人撰写的注释;而德文出版者的"导言"和编辑性说明中的中国话语,也大多涉及中文译者对小说文本进行的"翻译"和"编辑"。由此可以认为,中文译者这个人物对于小说编者叙事层面中国图像的建构,起到了决定性的作用。而在这个意义上,分析中文译者视角的特点及该视角在小说编者叙事层面的多视角建构中发挥的作用,对于概括小说编者叙事层面中国图像的特点,就显得尤为重要了。

一方面,中文译者视角的特点表现为对小说文本进行"编辑"过程中的权威性和主动性。中文译者的这种编辑权威性,其根源首先在于,在《金镜》虚构的小说文本形成史当中,该书从谢西安文史料译成古印度文字的过程作为文本形成史的开端只被很简短地提及(23—24页),由此中文译稿便顺理成章地处于小说文本翻译过程中的基础和权威地位。在小说开端的"中文译者向太祖(Tai-Tsu)皇帝之献辞"当中,中文译者的编辑权威性便表现在,他出面解释了一个关键问题——即这本关于谢西安历史的书为什么要以"镜"为题。中文译者指出,中国的高等国家治理机构将该书赐名为"镜",原因在于"其中,智慧与愚蠢的自然后果如此清晰且轮廓分明地、在如此温暖的色调下表现出来"(10页)。可见,中文译者具有在全书开头强调该书认识与教育功能,由此赋予该书基本意义的重要权利。相比较其后继者拉丁文译者在"编辑"过程中的补充和"修正"性视角,中文译者显然在文本"形成"过程中表现出了更多的主动性和主体性。

除此之外,中文译者的编辑权威性和主体性还表现为,他在小说的文本"形成"过程中不只起到翻译者的作用,而是还参与"塑造"了小说当前文本的内容。在虚构的小说文本翻译史当中,中文译者的前任古印度文字出版者所做的工作仅在于以谢西安国的重要历史事件为基础,写出一部故事书(23 页)——在这个意义上可以说,古印度文字出版者完成的文本部分实际只是小说三个叙事层面之一的"谢西安历史"的内容。而中文译者则在将该书从古印度文字译为中文的过程中,在谢西安历史故事的基础上加入了"在故事讲述中不时插入的中断和插曲"(24 页),实际也就是小说"宫廷谈话"叙事层面上在君主和哲学家/宠妾之间进行的谈话和点评等内容。而且中文译者还保证,他加入的这些内容"其来源可靠"(24 页)。在小说此处,德文出版者随后写道:"只是这并不阻止,亲爱的读者对于讨他欢喜的内容,最好别轻易相信。"(24 页)虽然可以看到,小说此处通过德文出版者的编辑性话语在一定程度上消解了中文译者的编辑权威性;但从小说的整体结构来看不可否认,中文译者在虚构的小说翻译史当中,实际扮演了将宫廷谈话的内容"整合"到小说文本中,并由此为文本"增添"了另一个叙事维度的重要角色。

此外,中文译者对于"塑造"小说文本内容的参与不仅局限于将宫廷谈话整合到文本内容当中,而是还表现为:中文译者通过编辑工作,弥补了因哲学家达尼士满在小说第二部分被君主沙赫·盖巴尔下令逮捕而造成的谢西安国历史结局在文本当中的缺失。中文译者的编辑工作在小说中被德文出版者这样描述:

> ……他最终成功地从古老的传说和可信的文献当中得到了足够多的信息,并由此自认为能够使思考着的读者们稍微明白一下,上述的帝国,是如何在由一系列不知名或不可救药的国王们所不断堆积的大量弊病的重压之下,最后必然地沉没并毁灭的。(324—325 页)

德文出版者接着说道,由中文译者所补充的谢西安历史的结局在拉丁文译稿中并没有完整出现,而是被缩减为全书结尾处的一个附注(325 页)。小说在此处通过拉丁文译者的文本"编辑"工作,实际再次消解了中文译者的编辑权威性。但另一方面不可否认的是,中文译者对于小说核心内容谢西安历史的补充,已经超出了一般的翻译和编辑工作的范畴,在这里中文译者的地位实际已经接近文本的直接"编写"者。总结起来可以说,中文译者通过将宫廷谈话整合进文本以及对谢西安历史进行补充,其视角在小说中一以贯之地具有编辑权威性和主体性。

另一方面,中文译者也以其独特视角"参与"了小说编者叙事内部的多视角建构。在此,中文译者视角主要带有一种政治唯道德论(Moralismus)色彩,这种唯道德论的核心在于强调君主的德行。这一视角特点具体表现为,中文译者一方面愿意探讨政治学说①,另一方面又对于君主的德行持有固定观念。② 比如在小说中一处,沙赫·盖巴尔对于谢西安国君主奥古耳汗(Ogul-Kan)做出如下评价:"如果他能够少嗜一点酒的话,也许是可以跻身他那个时代的伟大人物之列的。"(36页)对这句话,中文译者又在小说中做出下面的注释:

> 几乎不需要特别说明的是,**沙赫·盖巴尔**是他那个世纪最不为酒所惑的君主,而且是其他人酗酒行为的死敌。他的敌人们则也没有放弃,至少将**这种**他们在沙赫·盖巴尔身上不能否认的德行的价值降低掉,他们的办法是否认所有这一德行可能带来的益处……可怜的沙赫·盖巴尔本来就没有几样德行,这样的情况下还去质疑他仅剩的几样,可以说是卑劣的行为。(36页)

实际上在小说的宫廷谈话层面,沙赫·盖巴尔也并没有被塑造为一位贤君,他所感兴趣的几乎只是从谢西安历史中找到对于稳固自己统治有益的现实经验。但从引文中可以看到,中文译者此处仍然在编者叙事层面承认其不为酒所惑的美德,他的注释可以说一方面从积极的角度使沙赫·盖巴尔的形象变得稍微丰满,另一方面则表现出中文译者自己的政治唯道德论倾向。同时,小说在此处也为读者创造出从宫廷谈话层面到编者叙事层面的视角转换的可能性。

政治唯道德论倾向作为中文译者的视角特点,几乎贯穿在他所做的虚构注释当中。谢西安历史故事中曾出现一位心地仁慈但缺乏行动力的君主阿佐耳(Azor),阿佐耳实际将治理国家的事务几乎全盘地托付给他的宠臣们去进行。

---

① 参见 Martin Disselkamp: *Ohnmacht und Selbstbehauptung der Vernunft: Zu Christoph Martin Wielands Goldnem Spiegel*, 载于: Jörn Garber u. a. (Hg.): *Zwischen Empirisierung und Konstruktionsleistung: Anthropologie im 18. Jahrhundert*. Tübingen, 2004, S. 287-305, 此处: S. 304.

② 参见 Fawzy D. Guirguis: *Bild und Funktion des Orients in Werken der deutschen Literatur des 17. und 18. Jahrhunderts*. Freie Uni. Diss., Berlin, 1972, S. 257.

对此,沙赫·盖巴尔的宠妾努耳曼哈解释道:"年轻又没有经验的阿佐耳,除了将最重要的事务都托付给他最宠信的人,**而这些人得到宠信只因他们对阿佐耳的内心能够施加最大的影响**,还有何他法呢?"(87页)对于努耳曼哈的评论,中文译者在小说中做出如下注释:

> 一位君主对于并不特别有私人好感的首相(Minister)表现出信任,在多数情况下(即便这里也有例外)是一件给君主和首相都能争光的事情。**对于后者来说**,这种信任证明了他出色的业绩,**对于前者来说**,这种信任证明了赏识业绩的能力,以及将国家利益置于私人情感之上的**国王的品德**。(87页)

在这里,中文译者的政治唯道德论倾向从两个方面表现出来。这种倾向一方面表现为中文译者在探讨政治问题上的强烈兴趣——他认识到并强调了君主与首相间的关系对于君主专制政体来说具有重大意义。对于"首相"职务在近代欧洲君主专制政体当中起到的重要作用,研究者埃特尔·玛塔拉·德·玛泽(Ethel Matala de Mazza)认为,首相职务实际是"一个反思机构,这一机构引导君主的行为,并为君主应用其专业能力、政治智慧和人脉关系"①;首相作为"统治理性(Regierungsrationalität)的化身"②,能够给予君主"将自身客观化和理性化为国家主体(Subjekt des Staates)的可能性"。③ 在这个意义上可以说,中文译者强调君主和首相之间应当具有以信任为基础的工作关系,恰恰表明他对于——实际是欧洲的——君主专制政治具有深刻认识。另一方面,其政治唯道德论倾向表现为他对于君主德行的强调,即他将君主能够对于不具有私人好感的首相表现出工作上的信任,视为一种"将国家利益置于私人情感之上……**品德**"。同时可以看到,小说此处也为读者提供了一种视角转换的可能性,即从展现不正当宫廷宠信关系的谢西安历史故事的层面,转换到在一般意义上反思正当君臣关

---

① Ethel Matala de Mazza: *Herrschaftstechniken: Regieren und Repräsentieren*, 载于: Albrecht Koschorke u. a.: *Der fiktive Staat: Konstruktionen des politischen Körpers in der Geschichte Europas.* Frankfurt a. M., 2007, S. 191-200, 此处: S. 192.
② Ebd., S. 192.
③ Ebd., S. 192.

系的编者叙事层面。这一从特殊到一般的视角转换过程,实际也符合了有的研究者对于中文译者视角特点的判断,即他"习惯于一种抽象化的准则"。① 而这一由视角转换带来的抽象化过程中产生的现实与理想间的张力,也为小说读者提供了反思的空间。

综上所述,《金镜》编者叙事层面中国图像的建构集中于中文译者这个小说人物,而中文译者的视角特点在于其编辑权威性和政治唯道德论色彩。中文译者以其独特视角在小说多视角建构中起到的作用主要为:一方面,其编辑权威性在小说中不断地被文本翻译史当中的后来者所消解,由此实现了在编者叙事内部的视角转换;另一方面,中文译者带有政治唯道德论色彩的注释提供了由小说主体情节层面到编者叙事层面的视角转换的可能性。

## 四、编者叙事内部的中国知识

如上所述,《金镜》当中的中国元素是这部 18 世纪德语小说在内容方面的一个特色。对于作者维兰德掌握的中国知识其来源,小说本身已经有了比较明确的提示——小说当中直接出现了两部在 18 世纪作为欧洲中国知识汇编的耶稣会士出版物,即由法国耶稣会士郭弼恩(Charles Le Gobien)和杜赫德(Jean Baptiste Du Halde)先后主编、于 1702 年开始出版的《耶稣会士书简集》(*Lettres édifiantes et curieuses écrites des missions étrangères par quelques missionnaires de la Compagnie de Jésus*)(120 页)和由杜赫德撰写、于 1735 年开始出版的《中华帝国全志》(*Description géographique, historique, chronologique, politique, et physique de l' Empire de la Chine et de la Tartarie Chinoise...*)(120,124,204 页)。但另一方面,《金镜》当中出现的中国元素并不能使人得出这样的印象,即维兰德对于中国文化和中国知识有系统的研究和接受。在小说当中,维兰德也并没有试图呈现一幅完整的中国图像,而更多的是将他得到的中国知识做了审美化和文学化

---

① Fawzy D. Guirguis: *Bild und Funktion des Orients in Werken der deutschen Literatur des 17. und 18. Jahrhunderts.* S.257.

处理，从而纳入小说的审美轨道。

　　维兰德对于中国知识进行文学化处理的效果之一，便是小说当中的中国元素始终处于历史真实和文学虚构的张力当中。这方面的一个典型例子就是小说中中文译者的名字"**韩非子**（Hiang-Fu-Tsee）"（24 页）。但这里的"韩非子"是作为虚构人物出现的中文译者，小说德文出版者"导言"中称其为"一个不太出名的作家"（24 页），很明显没有指涉中国历史上作为法家思想代表的真实人物。另一方面值得注意的是，中国历史上儒家和道家思想的代表人物——孔子（9，74，112 页）和老子（9，122 页）——却都明显作为真实的历史人物在小说的编者叙事层面和宫廷谈话层面被提及。应该说，维兰德一方面在《金镜》当中引入了关于中国古代不同思想流派的知识，另一方面又对于其中的部分中国知识进行了"去真实化"处理，并纳入小说的审美轨道——而恰恰在这种被有意识地演绎出来的真实与虚构的张力背后，可以看到维兰德对中国知识进行文学化，并将读者引入一场"带有强烈认知色彩的审美游戏"①的尝试。正如研究者斯万-阿格·约根森（Sven-Aage Jørgensen）所说，维兰德"对于来自纪实报告的信息和从其他虚构作品中借用的内容都一概随意加工、为己所用"②；而欧洲读者为了适应这种关于他者知识的审美游戏，则要习惯于在接受过程中不断地调整转换其视角。

　　除了对中国知识进行文学化处理，维兰德小说还在编者叙事层面文学化和反讽式地再现了中国知识在近代欧洲的转播史。这种文学化再现主要表现为小说虚构的翻译史当中，这本书被从中文译为拉丁文，而且拉丁文译者"神父 J. G. A. D. G. J."（24 页）其身份按照姚曼所做的小说注解很可能是指涉一位耶稣会士。③ 小说的这一设计实际影射了耶稣会士对于中国知识在近代欧洲的传播起到的重要作用——耶稣会在中国的传教始于 1579 年④，来华耶稣会士"向欧洲

---

① Sven-Aage Jørgensen: *Wielands Antike und Morgenland*, 载于: Eijirō Iwasaki (Hg.): *Akten des VIII. Internationalen Germanisten-Kongresses Tokyo 1990*. Bd. 7, München, 1991, S.129-135, 此处: S.134.
② Ebd., S.134.
③ 参见 Christoph Martin Wieland: *Der goldne Spiegel und andere politische Dichtungen*. S.762.
④ 参见彼得·克劳斯·哈特曼:《耶稣会简史》，谷裕译，北京：宗教文化出版社，2003 年，第 52 页。

输送了大量有关中国的报道,并带回了中国的工艺品,这对欧洲的艺术产生了深远影响,并在欧洲掀起了中国热"①;由此,耶稣会士的传教工作如威利·R.贝尔格(Willy R. Berger)所总结的,在历史上大约两百年的时间里成为"欧洲中国知识的主要中介"。②维兰德在小说虚构的翻译史当中令此书由一位基督教神父从中文译成拉丁文,可以说在小说的编者叙事层面文学化地再现了耶稣会士在欧洲对于中国知识的转播。

在《金镜》的编者叙事层面,中国知识在近代欧洲的传播和接受史不仅被文学化地再现,还得到了一定程度的反思。拉丁文译者在他所做的一个注释当中如此写道:

> 中国人(正如一位古埃及文化专家向我们证明的)与希腊人一样,其国家制度和科学成就实际源自埃及殖民地或者来自埃及的海外冒险者。(115页)

根据姚曼所做的小说注解,此处的"古埃及文化专家"实际暗指主要生活于17世纪的法国主教皮埃尔·达尼埃尔·于埃(Pierre Daniel Huet)。在其生活时代的欧洲,于埃所持的关于中国文化起源于埃及的观点,其实并不是个别现象。另外一个典型的例子即德国耶稣会士基尔谢(Athanasius Kircher)。作为"掀起有关中国文化和文字起源的长期争议的第一人"③,基尔谢在其出版于1667年的《中国图志》(*China Monumentis, qua Sacris qua Profanis ... Illustrata ...*)当中认为,中文实际"经过埃及语言发展而来,或至少在后巴比伦时代受到埃及语言的影响"④;他同时认为:中国的"教派"儒家和道家也都起源于古埃及⑤;中国文化"源自埃及或至少受到古埃及影响"。⑥基尔谢的此类观点实际带有浓厚的神学

---

① 参见彼得·克劳斯·哈特曼:《耶稣会简史》,谷裕译,北京:宗教文化出版社,2003年,第52—53页。
② Willy R. Berger: *China-Bild und China-Mode im Europa der Aufklärung*. Köln, 1990, S. 15.
③ 张国刚、吴莉苇:《启蒙时代欧洲的中国观:一个历史的巡礼与反思》,上海:上海古籍出版社,2006年,第121页。
④ 同上,第123页。
⑤ 参见 Lavinia Brancaccio: *In uno omnia: Athanasius Kircher, SJ (1602-1680) und sein "Chinabild"*, 载于: Zhang Yushu u. a. (Hg.): *Literaturstraße: Chinesisch-deutsches Jahrbuch für Sprache, Literatur und Kultur*. Bd. 8, Würzburg, 2007, S. 25-39,此处:S. 35.
⑥ 张国刚、吴莉苇:《启蒙时代欧洲的中国观:一个历史的巡礼与反思》,第125页。

背景——具体来说,即他"将《圣经》认作是研究人类起源的基本资料来源和解释古代异教民族文献的基本指针"。① 关于基尔谢此类观点的神学背景,研究者张国刚和吴莉苇进行了如下总结:

> 基尔谢认为研究埃及学是理解人类起源和文明早期传播的基础,因为古埃及文明距离人类被创造和人类在大洪水之后散居世界的时间最近,所以他致力于寻找古埃及的文化渊源。基尔谢与当时绝大多数历史学家和其他学者一样,将《圣经》认作是研究人类起源的基本资料来源和解释古代异教民族文献的基本指针,早期埃及历史当然不例外。……基尔谢借助《圣经》为法老时代的埃及编年,相信它是第一个拥有先进文明的国家,并影响了周边的叙利亚、希腊、波斯、印度,甚至中国等国家。②

今天有研究者指出,基尔谢此类观点的形成实际是一个主观"选择(Selektion)"过程的结果——基尔谢撰写《中国图志》主要以过去十年间传教士的口头和书面报告为基础③;而他在建构其中国图像的过程当中,对关于中国的信息进行了有意识的过滤性选择,实际只留下了符合其先在理论观点的信息,当关于中国的信息对于证明其理论观点不具有说服力时,基尔谢便在其中国图像中加入自己的假说。④ 将基尔谢的此类观点置于其神学背景下进行考察则可以说,此类观点尤其反映了"以《圣经》为基本指针的社会环境中人们的思想走向"。⑤

值得注意的是,拉丁文译者在其注释当中体现的中国文化源于埃及的观点在小说编者叙事内部的多视角建构当中,实际已经得到一定程度的反思。这表现为在小说当中,匿名评论者针对拉丁文译者的注释又做出了第二重注释:

> 最伟大的古埃及文化专家们即便博学且富有洞察力,但从根本上对于这件事情知道得也不比其他人多出多少。因此,他们的假说也免不了像历来的科学假说一样失去效力。就在几年前有人向我们证明,中国人起源于

---

① 张国刚、吴莉苇:《启蒙时代欧洲的中国观:一个历史的巡礼与反思》,第 122 页。
② 同上,第 121—122 页。
③ 参见 Lavinia Brancaccio: *In uno omnia*: *Athanasius Kircher*, *SJ* (1602-1680) *und sein" Chinabild"*. S. 29.
④ 参见同上,第 35—36 页。
⑤ 张国刚、吴莉苇:《启蒙时代欧洲的中国观:一个历史的巡礼与反思》,第 112 页。

埃及:现在 v. P. 先生又向我们证明说,"埃及人并非起源于中国,中国人也并非起源于埃及";在这一过程中,能够明了我们其实对此一无所知,还是令我们受益匪浅;按照智慧的苏格拉底的判断,能明了自己对一件事情其实一无所知,也不失为很大的收获。(115—116 页)

根据姚曼所做的小说注解,匿名评论者注释当中的"v. P. 先生"实际暗指荷兰历史学家高乃依·德波(Corneille de Pauw)。① 德波在其出版于 1773 年的著作《关于埃及人和中国人的哲学研究》(*Recherches philosophiques sur les Egyptiens et les Chinois*)当中,反对法国东方学家德经(Joseph de Guignes)的观点,后者认为从古埃及象形文字和中国文字的一些特定元素的相似性当中,可以推断出中国对埃及的文化依赖性。② 贝尔格认为,德经的观点表现了"基尔谢的语言学观点在 18 世纪的一丝延伸"。③ 这里一方面可以看到,通过匿名评论者在其注释当中对于德波观点的引入,小说在编者叙事层面从另一个视角审视了拉丁文译者的观点。而另一方面,由于匿名评论者又反讽式地暗示了此类争论的无果而终,实际使得拉丁文译者和德波分别代表的两类观点在这里都成为了反思的对象。如上文所述,匿名评论者其带有普遍效力和现实关联的视角接近维兰德本人,因此也可以说,这里的多视角建构不仅是小说对于欧洲关于中国与埃及文化关系讨论的文学化重构,还直接体现了维兰德本人对这一论争的反思。贝尔格指出,德波对于德经所代表观点的批判本身当然不无道理,但却使用了错误的论据——德波的逻辑在于,埃及文化的高度发达与中国文化的贫乏之间差距过大,而这一点可以证明两种文化之间没有接触过。④ 贝尔格认为,德波的著作实际从学术层面整理总结了当时欧洲对于中国的负面偏见。⑤ 由此可以说,维兰德通过小说编者叙事层面的多视角建构对于拉丁文译者和德波所代表的两类观点同时进行反讽式的审视,实际在当时是一种相对客观的认识态度。

综上所述:一方面,维兰德对于小说《金镜》编者叙事内部的部分中国知识

---

① 参见 Christoph Martin Wieland: *Der goldne Spiegel und andere politische Dichtungen*. S. 771-772.
② 参见 Willy R. Berger: *China-Bild und China-Mode im Europa der Aufklärung*. S. 119.
③ Ebd., S. 119.
④ Ebd., S. 119.
⑤ Ebd., S. 119.

进行了"去真实化"处理,并纳入小说的审美轨道;而读者面对小说中被演绎出来的真实与虚构的张力,则要习惯于在接受过程中不断地调整转换其视角。另一方面,小说还在编者叙事层面文学化地再现和反思了中国知识在近代欧洲的传播和接受过程,尤其是近代欧洲关于中国与埃及文化关系的讨论。如本文上一节中所述,小说编者叙事内部的中国话语实际参与了小说多视角认识模式的建构;而从本节的论述出发则可以认为,小说编者叙事内部的中国知识和中国图像由于处于这一多视角认识模式当中,其本身也被"视角化"了。小说通过编者叙事层面的多视角建构反讽式地审视了近代欧洲关于中国与埃及文化关系的讨论,从这里可以认为,维兰德对于小说当中中国图像的这种"视角化"建构实际暗合了20世纪人们的某些批评——即在现代学术意义上对于中国的研究出现之前,欧洲对于中国的接受态度当中始终缺少一种"诠释性的谦虚(hermeneutische Bescheidenheit)"。① 只不过这样的暗合,其原因并非在于维兰德对于中国有哪些超越同时代人的全面认识和深入了解——他在小说中也并没有试图呈现一幅完整的中国图像;而应当说,这样的暗合是基于维兰德采取了多视角的认识态度。如本文开头所说,这种维兰德式的多视角论实际带有浓厚的启蒙色彩。研究者安娅·于斯特赫尔特(Anja Oesterhelt)在其专著当中通过对维兰德小说《阿里斯底波和他的几个同时代人》(*Aristipp und einige seiner Zeitgenossen*)(1800—1802)与克莱门斯·布伦塔诺(Clemens Brentano)的小说《哥德维》(*Godwi*)(1801)进行对比分析,提出如下观点:晚期启蒙运动在根本上是与立场多样性的理念相联系的,而早期浪漫派与该理念的相关性则并不像人们通常认为的那样大。② 结合本文的论述则可以说,于斯特赫尔特的观点在维兰德小说《金镜》的多视角认识模式当中部分地得到了印证。

作者简介:邓深,清华大学外文系,讲师,代表作:《镜中的中国:对于维兰德小说〈金镜〉的跨文化研究》(德文版),法兰克福:Peterr Lang 出版社,2013 年。

---

① 参见 Willy R. Berger: *China-Bild und China-Mode im Europa der Aufklärung*. S. 105.
② 参见 Anja Oesterhelt: *Perspektive und Totaleindruck: Höhepunkt und Ende der Multiperspektivität in Christoph Martin Wielands* Aristipp *und Clemens Brentanos* Godwi. S. 20.

书 评

# 作为"德国事件"的浪漫主义

## ——《浪漫主义——一个德国事件》译后散论

### 卫茂平

**内容摘要**：本文主要对象为德国浪漫主义，涉及包括以赛亚·伯林、卡尔·施米特、勃兰兑斯、歌德、席勒等众多文学或文化名人。文章论述了浪漫主义的关键要素"反讽"、席勒及其"游戏论"、德国浪漫主义产生的背景，以及由此引发的西文抽象概念的中文翻译。文章突出了作为德意志民族性格要素之反映的、德国"浪漫主义的精神姿态"。主要内容来自近期将出版的、吕迪格尔·萨弗兰斯基著、卫茂平译《浪漫主义——一个德国事件》一书的译序。

**关键词**：浪漫主义，反讽，萨弗兰斯基，理想主义

"浪漫主义属于公认具有永久现实意义的世界文化现象。"① 俄罗斯学者加比托娃《德国浪漫哲学》的"中文版序"，这样起首。论断似合常识，不易引人发难。但萨弗兰斯基此书题名《浪漫主义——一个德国事件》与此抵牾。因为它给"浪漫主义②"贴上一个特定的德国标签。

"浪漫主义"果真是个"德国"事件？倘若深究，确有根据。以英国哲学家以赛亚·伯林为例。他在其《浪漫主义的根源》一书中，视欧洲范围内的浪漫主义

---

① 加比托娃著，王念宁译：《德国浪漫哲学》，北京：中央编译出版社，2007年，第1页。
② 原文为"Romantik"。翻译上异名甚多。如周作人将此译成"传奇派"（周作人：《近代欧洲文学史》，北京：团结出版社，2007年）。更经常被译成"浪漫派"。因德语另有"die romantische Schule"，直译就是"浪漫派"，为示区别，在此均取"浪漫主义"译名。

为一种反启蒙运动的思潮。但真正意义上的"反启蒙运动思潮,其实源自别的地方,源自那些德国人。"①此书另一处,他又强调:"无论如何,浪漫主义运动起源于德国。"②看来,德国人萨弗兰斯基,将浪漫主义当成一个特殊的"德国事件"来讲,并非无由。

这是一本专论德国浪漫主义的书。何为浪漫主义?还是回到伯林。他那本书第一章的题目就是:"寻找一个定义"。但这只是虚晃一枪。此章首句为:"也许你们期待我演讲一开始就给浪漫主义做些定义,或者试图做些定义,或者至少给些归纳概括什么的,以便阐明我所说的浪漫主义到底是什么。但我不想重蹈这种窠臼。"③原因是:"浪漫主义是一个危险混乱的领域,许多人身陷其中,迷失了⋯⋯"之后,他通篇讲述浪漫主义的发生史及某些"形式和症状"④,就是不下定义。

德国人卡尔·施米特也有讨论浪漫主义的专著,中译题为《政治的浪漫派》。涉及浪漫主义的概念时他也说:"谁要从混乱中寻找客观明晰性,都会发现自己陷入了一场永恒的交谈和毫无成果的喋喋不休。"⑤所以,他在书中,也未扼要界定浪漫主义,代之以词语的溯源和现象的罗列。

萨弗兰斯基此书另有写法。他避开繁复的概念溯源和现象铺陈,在前言中就直面定义问题,但自己退在一旁,援引浪漫主义作家诺瓦利斯:"当我给卑贱物一种崇高的意义,给寻常物一副神秘的模样,给已知物以未知物的尊严,给有限物一种无限的表象,我就将它们浪漫化了"(13 页⑥),并称此为浪漫主义的"最佳定义"。其中的关键词"崇高""神秘的""尊严"和"无限"等,虽属浪漫主义特征,但远非浪漫主义的全部。尽管如此,棘手的概念定义问题暂作交代。

在以上萨弗兰斯基所设诺瓦利斯的"定义"中,重要缺漏之一,似为浪漫主义的关键要素"反讽"。萨弗兰斯基此书第一章借助赫尔德的航海哲思,讲德国

---

① 以赛亚·伯林著,亨利·哈代编,吕梁等译:《浪漫主义的根源》,南京:译林出版社,2008 年,第 40 页。
② 同上,第 131 页。
③ 同上,第 9 页。
④ 同上,第 5 页。
⑤ 卡尔·施米特著,冯克利、刘锋译:《政治的浪漫派》,上海:上海人民出版社,2004 年,第 3 页。
⑥ 括号内为本书德语原著页码,下同。

浪漫主义之肇始;第二章作为主题的铺垫,述席勒及其"游戏论";第三章即顺势讨论"反讽的发迹"。

反讽,在修辞或文学方法史上并非浪漫主义的独创。但就他看来,正是席勒"游戏论","在施莱格尔那里,从中产生出反讽的游戏。"他还以为,"反讽那至今为人熟悉的基本修辞手段"是,"某个陈述被移入另一个,一个更广阔的视角中,由此被相对化,甚至更正"。但施莱格尔反讽理论的独特点是:"他每次都将有限代替某个陈述,又将无限代替相对化和更正的观点……在一场这样的游戏中,一切有关的轮廓分明的陈述,会被送入漂浮。"(62—63页)由此,"知识型游戏者"得到造就,而席勒的游戏理论在此产生"鼓舞性的效果"(82页)。

在德国文学史上,席勒通常被归于狂飙突进运动和古典主义,非但不属于浪漫主义作家阵营,实际上还与这些作家多有龃龉。但在萨弗兰斯基的笔下,浪漫主义却同席勒有脱不了的干系。

除了他的游戏论与浪漫主义反讽的关系,萨弗兰斯基在第三章,讨论浪漫主义神秘的社团小说时,还曾提到席勒的神秘主义小说《招魂唤鬼者》。对神秘莫测和奇异怪诞之事的兴趣,是浪漫主义抵制启蒙理性的一种特殊表现。① 霍夫曼、蒂克等浪漫主义作家,在这方面均有不俗表现。而席勒以其《招魂唤鬼者》,对浪漫主义秘密社团小说的繁盛,具有引领作用。

其实,就反讽手段的运用来看,狂飙突进运动和古典主义文学的旗手歌德,与浪漫主义也有瓜葛。笔者多年前曾译2002年诺贝尔文学奖获奖人、匈牙利作家凯尔泰斯·伊姆雷的小说《惨败》,有如下情节。主人公从书架上取下一书,读到以下文字:

> 1749年8月28日,正午,钟敲12点的时候,我在美因茨河畔的法兰克福出生。星座位置是吉利的;太阳在处女座的标记中,一天天地到达中天;木星和金星友好地凝视着太阳,水星不晦气;土星和火星取无所谓的态度;只是月亮……

---

① 这种神秘主义在当时欧洲的主要表现之一是催眠术的流行,就达尔顿所见,它与其他因素一起,造就了浪漫主义,甚至引起启蒙运动的终结。参见:罗伯特·达尔顿著,周小进译:《催眠术与法国启蒙运动的终结》,上海:华东师范大学出版社,2010年,第2页。

明眼人一看便知,这摘自歌德自传《诗与真》,是歌德描述自己出生时的一段话。凯尔泰斯隐没出处,代以嘲讽:

> 好吧,人得这样出生,作为瞬间的人——但在这样的一个瞬间,谁知道还有多少人同时来到这个地球上。只是别人没有在身后留下书的霉味;也就是说他们不算。那幸福的瞬间被宇宙的法则仅为唯一的一次出生所预定。那位天才,伟大的创造者,作为神话英雄踏上地球。①

初见凯尔泰斯对歌德这位"天才""伟大的创造者"和"神话英雄"之自负的巧妙讽刺,几乎拍案叫绝。而今读到萨弗兰斯基关于浪漫主义反讽的文字,则恍然有悟。歌德以其睿智,应该不会如此虚荣,这样神化自己的出生。他所运用的,应当就是通过"给寻常物一副神秘的模样",而后让人从这"神秘的模样"出发,拉开距离,重估对象的反讽手法。结果则是,事物进入含有审美意蕴之不定的"漂浮"状态。以此反观歌德自传之名《诗与真》,得获新解。此著德语原文为:Dichtung und Wahrheit,直译可是:虚构(或创作)与真实。歌德足够智慧,在书名中就让虚构与真实互相戏仿,同时宣告,此为文学创作,并非历史记实,但作者未放弃对于真实的要求。结果是,自传真假互现,作者本人则"漂浮"于作品之上,赢得写作自由。这正是那个时代浪漫主义作家借助反讽所追求的目标。如此看来,百年之后,凯尔泰斯将"游戏"当真,无异于自找没趣。面对反讽,任何严肃失却锋芒,转为可笑。这是反讽之效果。

然而,萨弗兰斯基并未将这种修辞方法,归于席勒或歌德,而将它回溯到苏格拉底那个故作谦恭的名句上:"我知道,我什么也不知道。"但事实上,他解释说:

> ……苏格拉底知道一大堆事,但首先知道这点,其他人知道的事,要比他们以为知道的少。苏格拉底式的反讽故作姿态。它表面上认真对待他人号称的知识,实际却将他卷入自身的自负中,以至于他最后不得不发觉自己的空洞,倘若骄傲没禁止他做到这点。(62页)

---

① 凯尔泰斯·伊姆雷著,卫茂平译:《惨败》,上海:上海译文出版社,2005年,第89页。

当然，将苏格拉底当作反讽方法之发明人之一，并非始于萨弗兰斯基。19世纪丹麦哲学家克尔凯郭尔的《论反讽概念》，上卷题目就是"苏格拉底的立场，理解为反讽"。①

萨弗兰斯基介绍浪漫主义反讽之时，并未述及歌德。以上是笔者插话。但在本书第四章，当他讨论费希特的自我哲学与浪漫主义之关系时，曾引歌德成名作《维特》中的一句话："我返回自身，发现一个世界"（81页）②，以说明对尝试"感觉自身"的一代浪漫主义作家来说，歌德的典范作用。

德国浪漫主义产生的背景，已为人熟知。以社会史角度观察，那是"政治分裂、大城市的缺失、社会生活之狭隘形式"（359页）等因素作用的结果。"不过，也恰恰是这种所谓狭隘的境况，有利于这样一种创造性的内向性和坚韧的紧张性。既然缺少一个外部的大世界，人们就用舱储货物替自己制造出一个世界。人们只需要拥有抽象和幻想的才能。德国知识分子在这方面装备富足"（82页）。真可谓另一种"行有不得，反求诸己"。就此看来，歌德让他的维特，大声叫出这样的话，极具德国浪漫主义或者德意志民族内倾性偏好的象征意义。而从思想史观之，浪漫主义确是抗拒启蒙理性对个性的羁约，争取精神自由的尝试。而其意图创造"渐进的普遍诗"（59页）的纲领，正是这种解放的个体，想统一文学各领域之抱负的充分体现。萨弗兰斯基此书"前言"的结语，"年迈的歌德曾说，浪漫是病态。不过，就是他也不愿撇弃浪漫"（13页），当属精辟。以此观之，德国文学史上的两位泰斗，不管本身是否愿意，与浪漫主义文学都有不解之缘。这为萨弗兰斯基说浪漫主义是一个德国事件，添上砝码。

歌德不喜浪漫主义。可见浪漫主义流行德国时，已遭非议。尤其当浪漫主义在德国反拿破仑的解放战争时期染上民族主义色彩而开始涉足政治，接着在一战期间变身为所谓的"钢铁浪漫主义"，最后在纳粹时期再被利用后，浪漫主义真的成了一个独特的德国"事件"。法西斯政权垮台及二战之后，有人"不是

---

① 克尔凯郭尔著，汤成溪译：《论反讽概念》，北京：中国社会科学出版社，2005年。其实，德国浪漫主义代表施莱格尔业已指出，浪漫主义的"自主性"，"是苏格拉底式的反讽"。参见：维塞尔著，陈开华译：《马克思与浪漫派的反讽——论马克思主义神话诗学的本源》，上海：华东师范大学出版社，2008年，第71页。

② 源出《维特》第一编5月22日的信。

将国家社会主义描绘成它曾确实是的粗暴事件,而是将其描绘成民族的浪漫主义迷途"(377页),将德国引起的这场悲剧,解释为浪漫主义精神之过度张扬的结果,这就引出了阿伦特对这种"声名狼藉的德国式沉思的表达方式"(376页)的批评。以此线索,萨弗兰斯基在本书中清晰地描述了这个德国"事件"的来龙去脉,论述了浪漫主义作为一个文学或思想运动结束后,如何以"浪漫主义的精神姿态",在德国社会历史中产生后续作用,令人印象深刻。

但是,仅读译文,我们其实还无法充分理解这个"事件"的真实涵义。萨弗兰斯基在此使用的,并非一般对应汉语"事件"的德语词"Fall"或者"Ereignis",而是出人意料的"Affäre"。此词释义大体有二:一是"令人不快或难堪之事",二为"私通或者爱情丑闻"。对应汉语,直译一般是"丑闻"。较之"事件","丑闻"更具错综复杂、隐晦幽暗的特点,其内涵深邃不易探究,其背景纠葛难于廓清。更因为浪漫主义"误入"政治,被与德国引起的历史灾难扯上联系,"Affäre"这个词似乎更能反映德国浪漫主义或浪漫的精神姿态的实质。遗憾的是,由于汉德语言之间的巨大差异,尽管汉语的"事件"与上及德语原文相比,意义多不相值,译者在此也只能放弃歧义更多的"丑闻",而取"事件"。

近读涉及汉语"理想"一词来源的一篇文章①,说该词汉语原无,经由日语"理想"中介而入中国,其语源为英语"ideal",又有派生词"idealism"和"idealist"。以"idealism"为例,该文列其汉语"A类义项"为"理想主义","B类义项"为"观念论、唯心论、唯心主义"。而且在汉语语境中,前者是"正面褒义",后者属"负面贬义"。也就是说,无论"理想主义"也好,"唯心主义"也罢,都无法同时给出"idealism"两种不同的内涵。由此下推,汉语的"事件"或"丑闻",面对德语"Affäre"的两个主要义项,也只能各得其半,又各失其半。其实,一旦涉及西文抽象概念的中文翻译,有众多案例,可以证明这种必然的顾此失彼。这是翻译命中注定的悲哀,也属译者无法躲开的窘境。

德国浪漫主义在中国,时常被分为"积极浪漫主义"和"消极浪漫主义",甚至被贴上"反动"和"病态"的标签。② 这与我们的文学评论,曾深受苏联意识形

---

① 陆晓光:《两度反思"知识者理想"》,载:《社会科学报》2010年12月30日,第3版。
② 可参见:袁志英:"译本前言",富凯等著,袁志英等译:《水妖》,桂林:漓江出版社,1991年。

态和政治立场的影响有涉。如伊瓦肖娃著《十九世纪外国文学史》,谈到德国浪漫主义时,每每冠以"反动"两字。可见下例:

> 在文艺方面,贵族阶级对于法国革命和法国唯物主义的反动态度表现为一个流派,这个流派的创始人把它叫做浪漫主义。
>
> 德国反动的浪漫主义……它的目的在于直接反对法国资产阶级革命及其意识形态。①

历史沿革至今,这种以偏概全、仅从阶级立场出发评论浪漫主义的做法,已渐为人弃,而浪漫主义对于精神世界的奉献,则广为人识。而在我国,随着时间的推移,伴着苏联左翼文艺理论影响的式微②,德国浪漫主义文学在中国的翻译介绍,尤其在改革开放之后,趋于繁盛。③ 就是在研究领域,单篇论文除外,近年来专著类研究也时有所现。笔者所见,至少有赵蕾莲著《论克莱斯特戏剧的现代性》、刘文杰著《德国浪漫主义时期童话研究》、刘学慧著《德国早期浪漫派的世界文学观》和张帆著《德国早期浪漫主义女性诗学》。④ 凸现德意志民族文化特征的德国浪漫主义文学研究,显然已获中国学界深度关注。

针对启蒙运动的明晰,浪漫主义作家倡导搅动人之"幽暗的基底"(322),即世人身上的狄俄尼索斯之力或非理性,来对抗阿波罗的理性及其带来的"异化的社会机械论"(52页)。从本质上讲,它延续了人类平衡物质与精神、现实与理想、肉体与灵魂、理智与情感之冲突的努力,为人类精神世界的健康发展,做出有

---

① 伊瓦肖娃著,杨周翰等译:《十九世纪外国文学史》,北京:人民文学出版社,1958年,第一卷,第323页。
② 比如伊瓦肖娃谈德国浪漫主义时,每每冠以"反动"两字:"德国反动的浪漫主义……它的目的在于直接反对法国资产阶级革命及其意识形态。"引自:伊瓦肖娃著,杨周翰等译:《十九世纪外国文学史》,北京:人民文学出版社,1958年,第一卷,第323页。
③ 比如江苏人民出版社1984年版、钱春绮译《德国浪漫主义诗人抒情诗选》;漓江出版社1991年版、富凯等著、袁志英等译《水妖》;人民文学出版社1997年版、孙凤城编选《德国浪漫主义作品选》;上海译文出版社2010年又推出"德国浪漫主义文学丛书",共5种,分别是胡其鼎等译《施特恩巴德的游历——蒂克小说选》、袁志英译《O侯爵夫人——克莱斯特小说全集》、张威廉、韩世钟等译《丝蔻黛丽小姐——霍夫曼小说选》、商章孙、王克澄等译《艺桥倩影——豪夫小说选》、富凯等著、袁志英、刘德中等译《水妖》。
④ 按序分别为黑龙江教育出版社2007年版、北京理工大学出版社2009年版、北京旅游出版社2011年版、上海大学出版社2012年版。另有中国社会科学出版社2009年版,刘润芳、罗宜家著《德国浪漫派与中国原生浪漫主义——德中浪漫诗歌的美学探索》和浙江大学出版社2012年版,贾峰昌著《浪漫主义艺术传统与托马斯·曼》。但后两书的主题,并非德国浪漫主义文学自身。

益探索。但这种人世的两歧,存至今日未亡。现代工业社会和商品经济所带来的物质主义的繁盛和文化精神的蜕变,还不断加深这样的不平衡。这始终让思想家们心神不宁。有报道说,美国约翰·邓普顿基金会,每年邀请世界著名学者与公共人物,讨论"经久不衰而备受争议的"重大问题。2010 年的主题是:"道德行动依赖于理性推论吗?"从本质上讲,这是理性与非理性孰轻孰重的老问题。有学者在讨论中认为:"启蒙思想的重大错误之一就是低估了非理性力量的威力,这种力量是我们基因遗传的一部分。"①反观德国的浪漫主义运动,面对高扬理性主义大旗的启蒙运动,它大力倡导非理性的革命,不守矩矱,脱略形骸,带来了文学、哲学和宗教融会一处的一个激情时代,为德国乃至世界的精神文明,留下丰富遗产。萨弗兰斯基笔端所现,就是这段历史。

勃兰兑斯在其名著《十九世纪文学主流》中说:"原原本本地描述德国的浪漫派,这个任务对于一个丹麦人困难到令人灰心。"原因是:"这个题目大得吓人。"②此话写于 19 世纪末。尽管如此,此后比肩接踵,代有续作。仅是汉译,也有多种。对此,本文借助脚注,尽量多收,以提供参阅的便利。与之相比,萨弗兰斯基此书特点尤著。他在完整地分梳德国浪漫主义脉络之时,并不以绵密的考证见长,却以通达的见识和宏阔的视野取胜。其表述感性酣畅,充满灵性,更贴近浪漫主义之生命的本体,以及浪漫主义作家之灵魂的此在,更具可读性。

盛行于 18 世纪末、19 世纪初的德国浪漫主义,作为文学或思想运动,已成历史。但"浪漫的"思维方式,或者"浪漫主义的精神姿态",作为德意志民族的性格要素,存至今日。萨弗兰斯基在本书最后,在遍及欧美的 68 大学生运动中,则再次扣其命脉。因为就是在那个年代,"浪漫主义抵抗工业社会的深层次的传统,重新爆发"(384 页)。他在建立浪漫主义与现代社会联系之时,让历史的浪漫主义越出文学疆域,再获社会政治意义。这超出了一般浪漫主义研究的老生常谈,彰显出作者识见不凡。

---

① 2010 年社科界十大热点关注(国外篇)之四:《道德与理性展开跨学科对话》(刘擎),载:《社会科学报》,2010 年 12 月 30 日,第 7 版。
② 勃兰兑斯著,刘半九译:《十九世纪文学主流(第二分册)——德国的浪漫派》,北京:人民文学出版社,1981 年,第 3 页。

不过历史告诉我们,政治的浪漫主义,"这既无益于浪漫主义也无益于政治"(392页)。文学艺术需要浪漫或者幻想,但社会政治需要的更是妥协和务实。这已被历史多方验证,也为我们思考当下社会政治,提供良多启迪。

对于此书内容,其实作者本人在"前言"中,已有精到概括,读者自可领略,无须译者饶舌。但是一书译毕,经常有些感想,也有余言交代,一如以上序文。

(此文大部分内容曾以"论作为德国'事件'的浪漫主义——兼及西文概念的中文翻译"为题,2011年6月发表在《文景》杂志第76期上。)

(吕迪格尔·萨弗兰斯基著,卫茂平译:《浪漫主义——一个德国事件》,上海人民出版社即将出版。)

作者简介:卫茂平,上海外国语大学德语系,教授,代表作:《德语文学汉译史考辨:晚清和民国时期》,上海:上海外语教育出版社,2004年。

# 浪漫派与审美主义

## ——施米特的《政治的浪漫派》

### 刘 锋

**内容提要**：本文旨在评述20世纪德国重要思想家施米特的早期著作《政治的浪漫派》，从一个特定的角度透视近代审美主义的动力因素、实质内涵以及这种审美主义与浪漫派的关系，最后指出了施米特的分析对于思考当下诸多问题可能具有的参照意义。

**关键词**：德国浪漫派 审美主义 机缘 决断

关于何谓浪漫主义的问题，并不像初看上去那样易于回答。更常见的情形是，对浪漫主义的解释和申论与其说回答了问题，不如说引起了问题。按照流行的意见，浪漫主义是古典主义的对立面。这一界定将古典与浪漫这两个异常复杂的现象归结为一系列静态的正题和反题，因而仅从直觉上判断，就显得过于粗疏鄙陋了。不过，它也并非毫无意义，因为在极端的对立关系中，或许更能突现出两者的区别性特征。我们可以看到，这一界定包含着一个否定性的层面，即：浪漫主义不是古典主义。为了说明一个事物是什么，有必要首先说明它不是什么(per negationem)。托马斯·阿奎那在《神学大全》中有一句话：关于上帝，我们不能知道他是什么，而只能知道他不是什么(de Deo scire non possumus quid sit, sed quid non sit)。① 阿奎那的意思是说，除非我们是上帝，否则我们不能知

---

① Thomas Aquinas: *Summa Theologica*. Liber I, Quaestio III, De Dei Simplicite.

道上帝是什么,而问题恰恰在于,我们不是上帝。不过,撇开上帝的问题不谈,否定性时常具有重要的说明价值。例如,在1789年的法国革命中,资产阶级被等同于人民。这一简单的等同实际上隐含着一个关于人民的否定性概念:凡是没有特殊之处、没有差别的人,凡是不因财富、社会地位或教养而出类拔萃的人,都是人民。① 循此思路,将浪漫主义置于与古典主义相对立的视点下来观照,即便在方法上有粗疏的简约倾向,却能够使人透过古典主义的一系列概念(理性、整一、权威、平衡、稳定、普遍性、克制、明晰等)窥见浪漫主义的基本特征(想象、多样、自然、动态、对现状的挑战、个体性、放纵、神秘等)。也许只有在这一脉络下,才能更好地理解卢梭《爱弥儿》中的那句话:"对我们来说,存在就是感觉;我们的感觉力无可争议地是先于我们的智力的。"②

然而,这种在对立视点下观照古典与浪漫的方法经常造成了纯粹性和绝对性的假象,仿佛两者的特点存在于一系列非此即彼的关系中。实际上,即便如卢梭所言,存在是感觉,那也不能由此推导出理性不能见容于情感的结论。如同笛卡尔的"我思故我在"一样,卢梭的情感福音似乎也隐含着哲学上的基础主义,因为这个"先于"不是单纯的时间概念,而是旨在确立一个新的伦理秩序,用道德意志来统摄一切知识探究。德国哲学家卡西尔在论述卢梭与启蒙时代的关系时指出,尽管卢梭不遗余力地攻击启蒙运动,但他却是启蒙运动的真正产儿,"卢梭的感伤主义不是单纯的'敏感',而是一种伦理力量和新的伦理意志。由于这个基本趋向,卢梭的感伤力能唤起完全不同类型的人们的心灵,能够俘获他们。例如,在德国,它就唤起并迷住了诸如莱辛和康德这样的决非多愁善感的思想家。"③ 只有对卢梭思想的微妙旨趣保持适度的敏感,才能解释和说明某些看似悖谬的联系。不过,在此我们所关心的不是卡西尔对卢梭的评论,而是这一评论所包含的更具广泛意义的方法论提示:在考察浪漫主义时,不仅需要对浪漫一

---

① 参见 Carl Schmitt: *Verfassungslehre*. Berlin, 1993, S.243. 此处还引用了叔本华的一句话:"凡是不懂拉丁语的人都属于人民"(Wer kein Latein versteht, gehört zum Volke)。
② 卢梭:《爱弥儿,论教育》下卷,李平沤译,北京:商务印书馆,1978年,第416页。
③ 参见卡西尔:《启蒙哲学》,顾伟铭等译,济南:山东人民出版社,1988年,267—268页。此外,卡西尔在讨论古典主义美学时也指出:"古典主义理论尽管强烈地反对在想象力的基础上建立一种艺术理论,却决不是没有看到想象力的真正本性,也决不是对想象力的魅力无动于衷。"参见同书,278页。

古典的两分法做出限制,而且需要意识到对立的多重指涉和关联,因为事实上,浪漫主义不仅与古典主义相对立,其本身或许就含有异质的甚至对立的因素。

如果将这种对立的视野推至其极,有时甚至会引出一个出人意料的结论:凡不是古典主义的都是浪漫主义的。在这种情况下,中世纪的基督教欧洲可归入浪漫的范畴,但丁则是一个不折不扣的浪漫诗人。这种否定逻辑并非指向浪漫主义本身的复杂性,而是以隐喻类比的方式扩大了浪漫主义的范围,使它变成了一个包容众多互不相同,甚至互相冲突的思想倾向的集合名词。这里涉及两个不同层面的问题:虽然浪漫主义含有异质的、对立的因素,但这并不等于说,一种思想只要被包容或涵摄于浪漫主义中,其本身就变成了浪漫主义。除此以外,与古典—浪漫的两分法相联系,浪漫主义还时常作为理性主义的对立一极而出现,这种模糊归类方法被施用于许多完全不同的历史现象,从而导致了一系列奇特的组合:

> 天主教会不属于理性主义,尤其不属于18世纪的理性主义。于是,这个有着基督教的秩序与纪律、教义明晰、道德森严的奇迹结构,也被说成浪漫的,天主教人物便同可以想象到的一切天才、小教派和运动一起,统统被请进浪漫派的万神庙。……浪漫派以一场青年运动的面貌出现,与当时既存的过时的一切相对立,或与理性主义和启蒙运动相对立。文艺复兴也是一场反对当时过时的老旧事物的运动,"狂飙突进"运动和1830年代的"青年德意志"运动同样如此。这类运动几乎每三十年就出现一次。历史上到处都有"运动"。于是,我们随处都可以看到浪漫派。

这段话出自20世纪德国政治哲学名家卡尔·施米特(Carl Schmitt, 1888—1985)的早期著作《政治的浪漫派》。① 在西方学界,这部融审美、历史、思想、批评于一体的著作被认为开启了浪漫派政治哲学研究的先河。不过,它虽以政治哲学为主要论域,却透过施莱格尔、亚当·缪勒、诺瓦利斯等人的思想活动在更广大的层面上细致分析了德国浪漫派的观念基设和思想诉求,迄今已成为浪漫

---

① 参见 Carl Schmitt: *Politische Romantik*. Berlin,1993.译文采用《政治的浪漫派》中译本,冯克利译,将由上海人民出版社出版。

主义思想史研究的经典文本。因此,我们可以期待着,这本书将要涉及这样一个问题:什么是浪漫派的独特品质?

为了回答这个问题,不妨首先追溯浪漫主义的哲学渊源。施米特认为,在近代思想史的开端,发生了两个意义重大的转变,它们共同构成了一场重要的反对运动。哥白尼天文学使地球丧失了宇宙中心的地位,笛卡尔哲学则动摇了古老的本体论思想。自然科学不再接受地心说,而是在地球以外寻找它的焦点;笛卡尔的"我思故我在"将人引向主观思想而非外部世界,哲学从本体论变成了自我中心论,力图从其自身寻找焦点。这两个截然背反的焦点使思想与存在、观念与实在、精神与自然、主体与客体发生分裂,形成了近代哲学家的基本问题意识。康德的先验哲学试图解决这一分裂,但却并不成功,因为在康德看来,思维的客观性在于它以客观有效的形式运动,而经验实在的本质——即物自体——则是根本无法把握的,这样就不能让外部实在复归于思维的精神。康德之后,出现了两种针锋相对的解决方案。费希特的哲学用绝对自我(ein absolutes Ich)来消灭这种分裂,谢林的哲学则追寻外部实在,表现出向自然回归(die Rückkehr zur Natur)的倾向。我们可以看到,与费希特相比,谢林提出了一个更具矛盾性格的哲学方案。他无法将绝对性放在自然上,因为他也是以先验批判哲学为起点的;于是,他就只能采取一种折中的思路:绝对性既不是客观的,也不是主观的,而是两者之间的一个中立点(Indifferenzpunkt)。绝对理性有两极:自然与精神。哲学的实在既不是思维的精神,也不是外部世界,而是一个中立的、绝对的第三者。①

在施米特看来,无论是费希特的科学哲学,还是谢林的自然哲学都含有直觉哲学和泛神论的因素,其所针对的是永远不会达至具体概念的笛卡尔式的抽象理性主义。不过,这种哲学上的反动只是克服具体存在与抽象概念的二元性的一种形式。在18、19世纪,还出现了另外三种在前提、方法和结论诸方面迥然不同的反动形式:一、以居里昂夫人和布里尼翁为灵感来源的反哲学神秘主义,以及以克吕登纳夫人为代表的神秘主义运动;二、以维柯为代表的历史的、传统的

---

① Carl Schmitt:*Politische Romantik*. S.62-63.

反动形式;三、以沙夫茨伯里为先驱的情感的、审美的、抒情的反动形式。19世纪初的德国浪漫主义就是从最后一种反动形式中生发出来的。在此不妨提示一下,这种类型学上的概括并没有取消一系列错综复杂的微妙关联,更没有提供一种类似于浪漫与古典的单纯对立模式,因为施米特清楚地意识到,这四种形式很少以其清晰的原型存在于历史现实中。例如,浪漫主义对一切逻辑区分采取一种感性主义的否定姿态,但它也从费希特、谢林等人的同样反对抽象理性主义,却并未放弃系统哲学努力的学说中汲取了灵感。就个别的浪漫派代表人物而言,"诺瓦利斯……有时是神秘主义者,有时是浪漫派;他来自摩拉维亚教友会的圈子,南莱因地区的神秘主义者抱着怀疑的态度,认为他们的信仰只是'甜蜜的体验'。至于在弗里德里希·施莱格尔、扎恰里亚斯·韦尔纳和亚当·缪勒那里,末世论的气氛显而易见,而在整个欧洲,虽然独立于他们,都有模仿这种气氛的现象。"①因此,施米特列举的这四种反动形式在很大程度上是出于分析的需要而建立的理想类型,其根本旨趣是要寻绎反理性主义倾向的各种动力因素,并在这样一个广阔的思想史脉络和关联中探求浪漫主义的区别性特征。

从上面的描述可以大致看出,近代思想图景基本上被笛卡尔式的抽象理性主义占据了,康德、费希特、谢林等人不过是在哲学的层面上对这种理性主义的后果做出了回应。笛卡尔的"我思"(cogito)使古老的本体论渐趋式微,从而取消了传统形而上学的最高实在,即上帝。这样就生发了一个无可规避的尖锐问题:既然上帝不再占据至高无上的位置了,世界和历史的终极正当性还能存于何处?换句话说,如何确立一种新型形而上学的根基?笛卡尔以后的哲学努力旨在填充远遁的上帝留下的虚空,其根本方向便是探寻实在(la recherche de la réalité)。但是,施米特说,在这个问题从德国唯心主义那里获得认识论上的解决之前,已经出现了两个试图顶替上帝位置的世俗实在:即人类和历史。这里透露出宗教世界与世俗世界、彼岸与此岸的某种平行性,因为从根本上说,这种意义上的人类和历史其实是上帝的世俗化翻版,两者在新本体论中所处的位置相当

---

① Carl Schmitt: *Politische Romantik*. S. 67.

于上帝在旧本体论中所处的位置。① 人类是革命派的造物主,代表着一种普遍主义诉求;历史则是保守派的造物主,将普遍的人类共同体变成了具体的、个别的民族。

然而,这两个概念到了浪漫派手中,最终变成了审美化、情绪化的对象。卢梭描绘了一个善良而高贵、宽宏大量、坚信自己本能的人民形象,它"成了一切无限的无意识的非理性因素的贮备库,同时也成了精神的贮备库"。② 另一方面,在浪漫派的历史概念中,"每一时刻都变成了一个无法抵抗的、非理性的、幽灵般的事件。它是对它所毁灭的无数可能性的永远存在着的、永无止境的否定。"③ 在这里,关键的问题并不在于浪漫派对人民和历史这两个新上帝的占用,而在于它实际上透露出浪漫运思的一个基本特点:即审美化。在施米特看来,这种审美化本质上属于私人领域,它指向一种无实质的形式,将一切都变成了具有无穷可能性的修辞载体。在这种"浪漫的无政府状态"中,想象与实在、形式与实质以一种奇特的方式混融起来,人民和历史被消解成无具体规定性的漂浮词语,完全随感性印象游移、变动,呈现出闪烁迷离的多维面相。由于审美变成了一种绝对视点,任何区分、限制、界定都失去了意义,无论是1789年革命,还是天主教均可作为审美消费的对象。思想领域的序列和级系荡然无存,一切都能成为思想生活的中心,而与此同时又向虚空弥散,最后只剩下一个个互不连缀的、碎裂的点。在这种情况下,对何谓人民、何谓历史的实质追问已无可能,因为即便只是提出这样的问题,也已经隐含着一种不适当的限制了。在汪洋恣肆的浪漫想象中,这类概念被抛入无定型的混沌中,在惊现了一下斑驳而奇异的色彩后复归于死寂。

由此看来,在浪漫派那里,人民和历史之类的概念已经高度风格化了。这种感性的浪漫言述基于主观主义的心性结构,而诗式话语不过是无限制的抒情心灵的表征。不言而喻,施米特无意于取消审美本身的实质内涵和存在理由。问

---

① 柯伊雷(Alexandre Koyré)谈到过上帝与近代新宇宙论中的无限宇宙的平行性,认为"这个无限宇宙秉承了神的一切本体论属性"。参见华勒斯坦等:《开放社会科学》,北京:三联书店,1997年,第4页。
② Carl Schmitt:*Politische Romantik*. S. 78.
③ Ebd., S. 80.

题其实非常简单:审美能否成为一种居高临下的绝对视野？麦考密克在比较了施米特与卢卡奇之后认为,对两人来说,"对事物的浪漫审美化是一个造成混乱的举动,而不是一个有助于澄清问题的举动,它让人想起它竭力想要摆脱的康德式的理性概念。"① 审美的正当性原本在于它是思想生活的一个领域;审美之成其为审美,恰恰有赖于这种限制和划界。然而,浪漫派却表现出一种泛审美化倾向,将原本需要严肃对待的问题变成了风格化的语言游戏,一种空幻而含混的辞格。因此,浪漫派几乎对什么都感兴趣,举凡哲学、伦理、宗教等等无不在其论域之内,世界万物变成了触发和表达主观感受的机缘。

施米特想要告诉我们的是,这种似乎已成为涵盖一切的绝对标尺的主观性恰恰失去了对事物的切实指涉。在浪漫派的各种艺术形式中,音乐大概最能反映这种指涉缺失的状况,因为在这里,体验不必与任何客体相结合:"它能在和声与不谐和音中与另一种体验融合在一起;它能藏身于歌曲之中,就像能藏身于抒情诗的音乐中一样。……解释的可能性不存在限制。同一个曲调,今天可以是轻佻的爱情歌曲,几年后又会成为感人的忏悔之歌。勾起人们对年轻时代的神秘回忆的歌曲,能够变成陈腐的民谣。那是怎样一片无拘无束、随意组合的游戏乐园呵！"② 要求音乐具有明确的甚或单一的指涉,无异于将其他思想领域的标准施用于音乐,无论如何,这肯定不是施米特的想法。事实上,施米特提示的是一种正好相反的情形:在浪漫派那里,宗教、道德、科学、政治无不遵循艺术的逻辑,无不成为审美创造力的施用对象。因此,有必要进一步追问,这种审美创造力是如何起作用的？ 其内在机理是什么？ 这个问题将我们引向施米特的一个重要命题:浪漫派是机缘论(Occasionalismus)的一种形式;或者说,浪漫派是主观化的机缘论(subjektivierter Occasionalismus)。

在这个世界上,存在着无数诱发浪漫的审美创造力的契机。这些契机并不含有经验上或逻辑上的因果关联,而是在一种近乎游戏式的随意组合和暗示中将世界的任一片断呈现于浪漫想象力。若以音乐为例,一支旋律、一个和弦几乎

---

① John P. McCormick: *Carl Schmitt's Critique of Liberalism: Against Politics as Technology*. Cambridge: Cambridge University Press, 1997, S.68.
② Carl Schmitt: *Politische Romantik*. S.110-111.

可与无穷多样甚或截然相反的情绪和体验发生关系。对浪漫心灵而言,出乎意料、游移不定的狂野联想并非纯粹的性之所至,而是与世界发生关系的唯一途径。施米特引用诺瓦利斯的一段话来说明"机缘"的品性:"我们生活中的偶然事件,都是我们可以用来随意加工的素材。一切事情都是一个无限数列中的第一位数(至此为止,这句话仍然可以称为魔幻神秘主义,然而它的结论却是浪漫主义的),是一部无结局的小说的起点。"①在单纯偶然性的支配下,机缘否弃了真正的原因、目的、规范和一致性,取消了严肃与嬉戏、虚构与事实、本质与形相的区分,因而就既无必要,也无可能对各种现象和事态进行政治、历史、法学或道德层面上的认知。机缘产生出诗意、审美的妙趣和谐致,世界并非按其本来的样子呈现出来,而是提供了一个色彩斑斓、光怪陆离的游戏空间,供浪漫心灵无所挂碍地发挥其卓异智巧。如果说世界就是一个机缘,这不仅意味着偶然性贯穿于万物的起始和结局,而且意味着它完全被居高临下的审美视野所笼罩,变成了想象力的单纯诱因,而机缘与艺术心性的亲和性最终使客观的如其所是和因果关联消融于形形色色的诗意遐想、浪漫玄机和邈远意境。因此,施米特将机缘与原因对立起来,因为原因通常有一个确定的结果,而机缘与结果的关系则是任意的、不可预料的。一个机缘在此时此刻产生此结果,在彼时彼刻又产生彼结果,两者的组合形式无穷繁多,出人意料,而其间的离合、转换实则仅系乎一念之差。在这样的语境下,施米特的一句话就变得可以理解了:"假如有什么东西可以提供一个浪漫主义的完美定义的话,那就是它完全缺乏与某种原因的关系。"②

无疑,这种审美化的枢纽就是绝对自我和自由的主体性,因为正是浪漫主体将世界消解成触发审美情趣的机缘和机遇。近代思想提供了一系列旨在顶替上帝的形而上实体或因素,浪漫主体便位列其中。这意味着,对终极实在的诉求并不因为传统形而上学的式微而消减或消失,浪漫主体仍有赖于形而上学——一种发生了世俗化(Säkularisierung)位移的形而上学——的支撑。不过,浪漫主体

---

① Carl Schmitt: *Politische Romantik*. S. 92.
② 参见 Carl Schmitt: *Politische Romantik*. S. 91. 在这里,施米特所谈论的原因不仅涉及物理学意义上的因果关系和有机生命科学中的刺激—反应关系,而且也"有着目的论的或规范性约束的含义,一种批准正确关系的理性或道德力量的含义",参见同书,第 92 页。

与上帝的类比也就到此为止,因为每当需要做出不可避免的非此即彼的道德或政治决断时,浪漫主体的绝对性就立即变成了一种模棱两可的骑墙姿态:"浪漫派的'有机的'国家观,要点在于它在做出规范性评价上的无能。这种观点否定'法理'解释,认为它是狭隘的和机械的;它要寻找一个超越正确与错误的国家:即一个感情的参照点,它同时也是浪漫主体进入政治领域的一种设计。浪漫派的崇高性的根源在于决断上的无能,他们总在谈论的'更高的第三者'并不是更高的因素,而是一种不同的第三种因素。"① 在这里,施米特想要指出的是浪漫机缘论的一个出其不意而又无可规避的悖论:自由主体的能动性恰恰导致了消极性和被动性,因为这种能动性纯粹由感受的幻觉活力所构成,主体永远都在情感的界域内对另一种外在于主体的能动性做出感受性回应。自由仅仅意味着汪洋恣肆的想象,如果说它伴随着某种责任的话,那也只是对主体负责,一旦遇到必须做出实际决断的情形,任何与行动相联系的责任意识都不会产生出来。生活不过是"无休止的交谈"(das ewige Gespräch),而在这种自我陶醉式的喋喋不休中,语词的增生与实质的亏空就成为浪漫审美主义的基本动态了。

行文至此,我们或许会得出一个印象:施米特对浪漫派的批评几乎是不留余地的,以至于让人怀疑,他是否在对浪漫思想进行学理探究。施米特似乎并不准备对其研究对象做出细致的分疏,而是将浪漫派作为一个整体现象来表述。一般说来,这只有在不考虑浪漫派的复杂性的情况下才成为可能。不过,鉴于施米特本人实际上已经意识到浪漫主义的多义性和歧义性,因此,问题的关键并不在这里,而在于这一论述背后的问题意识,即:施米特为何要对浪漫派进行这种近乎扫荡性的批评? 人们可以采取不同的方法来描述浪漫派,例如将浪漫派称为幻想、渴慕、梦呓、诗意、怀旧、遐想等等,但在施米特看来,这类浮光掠影的描述词语本身就是浪漫派的表现,不仅不足以将浪漫派研究引向有意义的层次,反而

---

① 参见 Carl Schmitt: *Politische Romantik*. S. 120. 施米特认为,浪漫派的绝招就是用"更高的第三者"来解决二元论,例如缪勒"主张以某种'对立的综合'即反题作为最高原则。一切事物仅仅是它的反题。自然就是反艺术。艺术就是反自然。花朵是反花朵的反题。说到底,反题本身依靠反题题。"参见同书,第 97 页。在《罗马天主教与政治形式》中,施米特对"更高的第三者"作过简要的申论:"这些设想的出发点是一种实实在在的分裂和对立:一种须由合题来解决的反题,或一种含有'中立点'的两极对立。这是一种很成问题的分裂状态,一种深刻的未决状态;唯一的出路是自我否定,达到肯定的状态。"参见 Carl Schmitt: *Römischer Katholizismus und Politische Form*. Stuttgart, 1984, S. 15.

产生了更多的歧义,造成了更多的混淆。因此,施米特认为,若想深入解析和审理浪漫派,就必须以浪漫主体为起点,着眼于浪漫主体与世界的特殊关系。如果以为施米特是在否定浪漫派的文学成就,那就很可能不得要领,因为从施米特对不同思想领域的独立标准的划分来看,审美无论如何不是一个必须取消的领域。问题仅仅在于,是否有理由将审美的标准和逻辑延伸到其他思想领域,从而导致一种绝对化的泛审美主义。不言而喻,施米特对这个问题的回答是否定的,这样我们也就可以理解,施米特对浪漫派的批评其实是对浪漫派的泛审美化倾向的批评。有鉴于此,解析浪漫精神的结构和潜势显然要比区分浪漫精神的各种具体表现形式更为重要,因为只有这样,才能勘定浪漫派的泛审美化倾向的真正来源。

所有这一切最终指向一个根本概念:政治的浪漫派。就此而言,施米特对浪漫主义思想史的论述是在政治哲学的视野下进行的,也正是在这里,施米特提出了他在日后的许多著作中还将进一步详细阐发的政治决断论。浪漫派的机缘论将世界当作艺术创作的偶然契机,这种倾向在政治领域里的逻辑后果是,国家作为一个修辞载体构成了纯粹审美情感的直接对象。因此,政治浪漫派的核心就在于,国家是一件艺术品:"历史和政治现实中的国家,是由浪漫主体的创造性成就所产生的艺术品的机缘。它是诗与小说,甚至是一种纯粹的浪漫心情的机缘。"① 这种将艺术逻辑引入政治领域的做法最终导致了国家概念的消解和国家实质的亏空。在施米特眼里,政治归根到底是一个权威的领域,要求主权者对非常情况做出即时的最后决断。他在《政治的概念》中指出,决定性的问题是国家与政治的关系问题。② 这意味着,国家作为政治的真正承担者,乃是一个生死攸关的大问题,不容按浪漫的审美范畴来设想,当然就更不能用浪漫的主体自由来涵盖了。审美的绝对性将积极行动还原为一种精神运动,用寂静、虚无的被动性

---

① Carl Schmitt: *Politische Romantik*. S. 127.
② 参见 Carl Schmitt: *The Concept of the Political*. trans. George Schwab, Chicago and London: The University of Chicago Press, 1996, pp. 70-71. 施米特关于政治与权威的论述,迈尔作过很好的描述,参见 Heinrich Meier: *Die Lehre Carl Schmitts. Vier Kapitel zur Unterscheidung Politischer Theologie und Politischer Philosophie*. Stuttgart u. Weimar, 1994, 63 页以下。对施米特这一论点的批判,可参见卢卡奇:《理性的毁灭》,第六章第六节,济南:山东人民出版社,1988 年。

取消了政治的决断要求和责任意识。从根本上说,政治浪漫派是对政治的否定,因此,政治只能开始于政治浪漫派结束的地方。明乎此,施米特对浪漫派的激烈反应或许就不那么让人满腹狐疑了。

政治决断论贯穿于施米特的许多著述中,在此不拟详述。我们感到有必要点出施米特的这一论旨,因为若不如此,就无法知道他在《政治的浪漫派》中究竟要讨论什么问题。① 不过,就本文的目的而言,指出另外一点或许更有意义:施米特的论述实际上在审美主义的层次上触及现代性的问题。德国社会理论家西美尔曾经说过:"现代的本质根本上就是心理主义,即依据我们的内在反应并作为一个内在世界来体验和解释世界,把固定的内容融解到心理的流逝因素中。在心理中,一切实体都化解了,实体的形式仅只是运动的形式而已。"②西美尔将其审美论述称为"社会学美学"(Soziologische Aesthetik)③,这表明,他的主旨在于揭示现代日常生活和社会互动的审美品质。在这个意义上,我们可以认为,审美主义恰恰透露出现代性的深层感性基质,在它的支配和笼罩下,世界被非实体化了,变成了某种受流逝易变的感性心理决定的东西。另一方面,我们可以看到,用审美言述来代替对不同思想领域中的问题的实质性探究,这已经成为当今思想史处境的一个重要表征。哈贝马斯在《现代性的哲学话语》中批评了解构主义将逻辑归附于修辞、将哲学归附于文学的倾向,认为一旦将所有文本毫无分

---

① 关于决断论,可参见洛维特:《施米特的政治决断论》,冯克利译,载《施米特与政治法学》,上海:上海三联书店,2002年。洛维特对施米特的观点有很好的描述:"根据施米特的分析,浪漫派的一般特点是任何事情都能够成为精神生活的中心,因为这种人的个人生存是没有中心的。对于真正的浪漫派来说,始终处在中心的仅仅是他的自我,这个自我聪明而善嘲讽,但本质上是不稳定的";"浪漫派特有的言说方式不是强制性的,也不是任何有关必然真理的断言,而是一种'永恒的对话',一种不断令人兴奋、无休无止的言说。浪漫派把所有范畴都搅在一起,没有能力做出明确的划分或决断,没有能力做出讨论之外的决策。政治浪漫派不过是一种伪政治,因为它缺少道德上的真诚和政治能量。"

② 西美尔:《哲学文化》,转引自刘小枫:《现代性社会理论绪论》,上海:上海三联书店,1998年,第302页。

③ 关于"社会学美学"的概念,参见西美尔的文章《社会学美学》,载 George Simmel: *The Conflict in Modern Culture and Other Essays.* trans. K. Peter Etzkorn, New York: Teachers College, Columbia University, 1968. 对西美尔美学的讨论,可参见 David Frisby:"The Aesthetics of Modern Life: Simmel's Interpretation", in *George Simmel: Critical Assessments*, ed. David Frisby, vol. III, London and New York: Routledge, 1994, pp. 50-65.

别地化约成能指的自由游戏,传统的学科界限将不复存在。① 如果将哈贝马斯的批评与施米特的论述联系起来,就会发现一个有趣的现象:两种具有不同前提的思想都同样乞灵于修辞。浪漫派的视野不能离开主体性,而解构主义则取消了主体的自我同一性,但这一差异并不妨碍它们都用修辞来统摄许多完全不同的思想领域。就此而言,施米特对浪漫派的分析在今天仍不失其与当下问题的相关性,而哈贝马斯的下面这段话也可以帮助我们更好地反思浪漫审美主义:"就其纯粹的形式来看,修辞要素仅仅出现在诗性表达的自我指涉中,即出现在专门用于揭示世界的虚构语言中。就连日常生活的常规语言也无法抹去其修辞性;但是,在不同语言功能的基体内部,修辞要素在这里减弱了……科学和技术、法律和道德、经济学、政治学等等的专门化语言也同样如此。这些专门化语言也要依靠隐喻辞格的阐明力量;然而,修辞因素尽管没有被抹去,但可以说被抑制了,现在它们被用于解决问题的特殊目的。"②

作者简介:刘锋,北京大学外国语学院英语系,教授,代表作:《宪法学说》(施米特著,刘锋译),上海:上海人民出版社,2005年。

---

① 关于这个问题的论述,详见 Jürgen Habermas: "Excursus on Leveling the Genre Distinction between Philosophy and Literature", in *The Philosophical Discourse of Modernity*: *Twelve Lectures*, trans. Frederick Lawrence, Cambridge and Cambridge, Mass., 1987.
② Jürgen Habermas: *The Philosophical Discourse of Modernity*, p.209.

# 文化研究的现在与未来

## 《文化研究的未来:21 世纪的理论、文化和社会》序

[德]赖纳·温特(Rainer Winter)

杨 慧 译

**内容摘要**:本文概述了文化研究诞生以来的发展,包括成就和所遭受的各种非议,再次申明:学术上的跨学科性以及以理论态度全方位介入对社会文化的思考和改变,实现政治性参与,正是文化研究这门学科的本性;并扼要介绍了多位当代世界文化研究者的最新研究成果,包括对文化概念的再认识;北美文化研究现状的分析;文化研究在海外高校的角色及其重要性;文化研究的方法论分析;资讯社会中交往与权力的形成关系;文化研究对媒体炒作的干预以及媒体伦理建构的意义和中日文化传统中现代化与文化的关系审视,等等。

**关键词**:文化研究　权力批评　文化研究与高校　文化研究与媒体

本书标题《文化研究的未来》与 1990 年在伊利诺伊大学厄本那-香槟分校举行的一个重要的学术会议"文化研究——现在与未来"相关联。据主办方消息,当时与会者有 900 余人。1992 年,一本标题为《文化研究》的近 800 页厚重的该会会议论文集①出版。文化研究的疆域自此第一次在国际范围内被讨论、廓清和明确化。"作为一个多学科的、跨学科的,有时甚至是致力于反学科的专业领域,文化研究处在一种一方面倾向于宽泛的人类学的文化观念,另一方面倾

---

① 劳伦斯·格罗斯贝格、卡利·尼尔森、保拉·特莱赫勒主编:《文化研究》,伦敦、纽约:劳特里奇出版社,1992 年。

向于一种狭义的人道主义文化观念的张力场中……文化研究因此是致力于一个社会的艺术、信念和传播实践的全方位研究"①。这个定义表明,文化研究一方面是对既有学科之间的以及各自的界限进行质疑,以图能够对机构、话语和实践的社会底蕴进行考察;另一方面,这个领域本身也可以被视为一个独自的"学科",它可以——正如该书的编者所明确的那样——以一种积极参与的姿态在理论和物质文化之间,在学术研究和政治斗争之间,斡旋沟通。② 文化研究这一事业具有对权力进行批评的政治诉求,这一点在其各种表述中被不同形式地突出和强调。

其后 20 年间,文化研究的发展和机构化成就斐然。尽管一些文化研究的代表性学者继续在对现有学科的界限和问题域上进行批评讨论,并对这个学科自身的机构化持有异见,但这期间文化研究还是进入了许多大学,尤其是美国和澳大利亚的高校,作为一门学科而立足。一大批不可忽视的论文集、概论、期刊、国际会议,其中最著名的是自 1996 年以来,每两年举行一次的"文化研究的十字路口",以及于 2002 年成立的国际"文化研究协会"(ACS),都明白无误地证实了这种形式的(政治)文化分析是如何卓有成效。虽然自 1960 年代在伯明翰当代文化研究中心(CCCS)问世以来,文化研究一直被高校内外的敌对派所敌视,批评、污蔑和非难,且理由花样繁多,比如说,文化研究和法兰克福学派所共有的社会批评诉求就多遭非议。③ 在一个最初被"冷战"所充斥,而今又是新自由主义殖民地的大学氛围里,这种社会批评的立场过去和现在都遭到敌视和非难。荒谬的是,它同时也被一个马克思主义批评家团体所轻蔑,因为文化研究——据说——对政治经济学研究太少。此外,就反抗和普遍行动力的可能性,以及文化和社会变迁的可能性而言,文化研究显得过于乐观,如此等等。这些多数是1989 年后出现的。其中也有被(貌似)属于这一领域的支持者所编纂的、往往是

---

① 劳伦斯·格罗斯贝格、卡利·尼尔森、保拉·特莱赫勒主编:《文化研究》,伦敦、纽约:劳特里奇出版社,1992 年,第 4 页。
② 同上,第 6—8 页。
③ 参见道格拉斯·凯尔纳:《文化研究和哲学:一个清算》,彼德拉·史特楼迈耶尔、伊丽萨白·尼德勒尔译,见赖纳·温特主编:《媒体文化,批评与民主——读解道格拉斯·凯尔纳/读本》,科隆:赫尔贝尔特·封·哈勒姆出版社,2005 年,第 59—77 页。

有意非难的论述——最著名的是吉姆·麦克盖根的《文化民粹主义》(1992)。这些论述显然是在追随斯大林的幽灵。因为,它们不仅罗列文化研究的所谓"罪状"(比如平民文化的狂欢,或者缺少经验性的指向。①),而且隐晦地为"肃清"这个领域而辩护。此外还有那些持续至今的、来自其他学科的代表人物的批评,比如有人指责说,文化研究太缺乏社会学性,缺乏历史性,太具折中主义味道,太随意,太不够学术标准化,或者政治味太浓;又比如,在(文化)社会学中,文化研究常常被作为一种罗尔沙赫式的测验而滥用,这种测验是基于一系列投射反应来伸张(受测者)自己(幻想的)身份的。

这些敌意无非是因为一个新的知识的和跨学科探索的研究领域诞生了。该学科要求它自己比别的那些既有的学科"更好地"完成自己的工作,以便在文化的各种各样错综复杂的宣言、程式以及表达中去分析和理解文化。"总之,文化研究那显著的分析性指向,意味着要认真严肃地深入文化的复杂性之中。无论所涉及的是什么题目,在文化研究中,分析的眼光总是喜欢将特殊语境中的、多元的、偶然的,简言之,就是研究对象的复杂本性凸显出来。就此而言,文化研究致力于超越仅仅对此复杂性做适当描述,以及仅仅使它变得合情合理的那种做法。"②

如此,文化研究便实质性地参与了引导那动摇并重新确定了社会/人文科学中既有的学科指向、问题框架以及学科界限的"文化转向"。对文化的核心意义的强调,是该学科产生魅力并在学界获得惊人成就的原因之一。进一步说来,文化研究不同于其他学科的特点,应该还在于它不仅仅是一种对文化的批评分析,而且还是对社会各领域的一种干预。这种干预最初是由社会主义原则所确立的,而今天站在前沿的则是激进民主的原则。被生产出来的知识应具有一种解构的、策略的以及行动的品质,为解决社会和个人的问题而发挥作用。③ 伦理问题,如社会公正问题一样,具有重大意义。文化研究还是一种批评理论和分析的

---

① 约翰·哈特利:《文化研究简史》,伦敦:赛奇出版社,2003年,第105页。
② 洪美恩:《文化研究》,见托尼·本内梯、约翰·福若主编:《文化分析赛奇手册》,伦敦:赛奇出版社,2008年,第227—248页。
③ 佩皮·列斯蒂拿主编:《文化研究:从理论到行动》,牛津:韦利/布莱克维尔出版社,2005年,第5页。

形式,比如说它对媒介再现政治的干预就显示了这一点。① 文化研究既无意于对抽象命题进行经验的验证,也对面面俱到的解释性模式不感兴趣。与此相反,它着意于对各种语境的(再)建构和(政治)分析,着意于对单个性的研究。如此,它是进入一个与既有的各种理论、模式以及方法的对话之中,以图满足文化错综复杂的诸语境要求。斯图特·霍尔这样写道:"对这一类的理论我不感兴趣。我更想继续做理论性思考。"("I am not interested in Theory, I am interested in going on theorizing.")② 如此,文化研究通过对智识劳动的(新)确定以及发展一种适当的理论性的和政治的参与,也就是试图要对新的社会状况和问题做出灵活和具体对待的反应。

  本书中所收录的文化研究的代表学者的最新文章表明,该学科讨论的话题领域和形式已经变得多么丰富多样。这些文章本身就是该学科的多元化和变动的实例,这个学科现在已经远不是仅仅被来自伯明翰、卡迪夫或者米尔顿·凯恩斯③不列颠文化研究所主宰的学科了。在文化研究领域具有中心和国际意义的,大致应算是由迈克·费瑟尔斯通自1983年以来所主编的、非常有成就的刊物《理论、文化和社会》。该杂志早在1980年代已经完全实现了"文化转向",为国际间(文化研究)讨论的文化转型做出了贡献。尽管在这项工作的语境中对权力的分析依然具有重要意义,但是,迈克·费瑟尔斯通和他的同事们还是扩大了作为批评的社会科学的重要工具的其他研究范式:社会性、身体、伦理或者全球化。

  在我看来,文化研究的未来不仅注定要紧锣密鼓地机构化,不断强化地跨国化,而且要在理论、学科领域和研究范式上多元化。只有如此方能给予斯图亚特·霍尔所引领的文化研究那独特的分析风格以公正待遇。此外,许多在1980和1990年代具有意义的研究范式,鉴于社会和全球的变化,今天必须重新考量,

---

① 斯图亚特·霍尔:《意识形态—身份—再现》论集,第4卷,汉堡:阿尔古门特出版社,2004;凯尔纳,道格拉斯:《电影战争:布什——切尼时代的好莱坞电影和政治》,牛津:韦利/布莱克维尔出版社,2010年。
② 劳伦斯·格罗斯贝格:《论后现代主义与表接:斯图亚特·霍尔访谈录》,见戴维·莫利、陈光兴主编:《斯图亚特·霍尔:批评的对话》,伦敦/纽约:劳特里奇出版社,1996年,第150页。
③ 格雷姆·特纳:《不列颠文化研究》,纽约:温恩·海曼出版社,1990年。

重新校正或者被淘汰,比如,对(文化)身份、经济、现代化以及文化概念本身的观念等,皆属此类。只有如此,文化研究才能满足其诊断当代问题和危机、开启引导社会变化的多种(政治)干预可能性的诉求。

在第一篇文章里,米歇尔·瑞恩借助对文化这一概念的各个不同维度的讨论,表明这个概念对于理解当代的社会现象和我们的生活如何具有核心意义。文化是决定我们生活的软件,我们以遵循其规则的方式思考、感觉并行动。这些规则不是一成不变的,而是会通过我们的实践发生改变。自伯明翰当代文化研究中心(CCCS)的研究以来,文化研究就对社会生活中的独创性新事物充满兴趣。今天文化研究已是为学术研究提供了一个丰富多样的领域的一种综合性学科。

劳伦斯·格罗斯贝尔格则分析了文化研究在美国和北欧的现状。他从对该课题的一种激进的语境主义和趋势的理解出发,将它迄今为止所产生的形式都理解为对一个特别的地球历史趋势的回答。过去的几年里,一种新的境况形成。左派和右派都在反对自由现代化,以实现另一种现代化。为了能够理解可能出现的未来,文化研究也必须进行同样的创新。

瑞恩·比绍普考察了文化研究在因政治和经济兴趣发生了变化的高校里的角色以及意义。他的观点是,在成功地完成了学院化以后,文化研究不能就此听天由命、毫无保留地在高校里入乡随俗,而是要发掘并抓住它在高校的各种机遇。文化研究始终有义务承诺另一个未来。正是因此,它才能借助对自身跨学科操作这个强项的自觉,而不仅和高校所支持的工具主义协作,同时也可以将这个逻辑反用于己身,以这样的方式为实现它的承诺开辟出自由空间。

哈诺·哈提也是论证文化研究——作为一种批评和干预的大胆作为——在一个不断被个人利益所影响的大学框架内的重要性。文化研究的智识性努力不仅要致力于教育以及自身的革新,它更要为一个由基于民主与和平的社会做出贡献。按照哈提的看法,文化研究中要有对交流、文化和社会的批评思考,并生产出能够允许实现其他社会体制类型的新型知识;而且文化研究的前程也将被注重社会的和政治的重要性愿望所决定。

我本人的文章则是考察在美国的文化研究语境里,一种对定性研究产生了重要影响的批评性后结构主义是如何形成的。正是这个具有代表性的危机导致了对伦理的和社会批评的课题的偏爱，以及对可信性的新形式的寻找。在这样的背景中，我分析了各种方法和研究策略（解释性的交感行为主义、民族志和表演民族志）借以唤醒业内那些愿为文化和社会的变化做出贡献者的责任感。

斯考特·拉什则提醒，鉴于一个全球咨讯社会正在形成，对文化研究中的权力范式要进行深入思考和重新认识。他考察了不再是通过霸权的扩展政策形成的一个强化的权力政体的产生，认为权力可以获得一种本体的地位，并且是一种生产性力量。它不再是常规的稳固，而是基于事实实况之上。因此，统治将不断地通过交往来实施。而我们将是其中的一部分，交往也将不必再被象征性地合法化。拉什因此提倡，文化研究要在这一背景下，加强对文化工业及其意义的深入研究。

接着道格拉斯·凯尔纳揭露了当代主流媒体是通过夸张炒作吃饭的。他指出，文化研究可以对这些炒作做一个批评诊断，借此批评揭示社会的发展，社会关注的问题，以及社会的恐惧、祈愿和希望所在。他以2008年美国总统选举的政治事件为实例，分析了为什么多媒体围绕着奥巴马的有关希望、变革和肤色的炒作能战胜围绕麦卡因和派林的炒作。鉴于这种媒体炒作形式不断升级，有必要对其机制进行分析和揭露。

作为补充，尼克·库尔德里提出了我们在什么样的（哲学）基础上能够创建一个媒体伦理的问题。他的思考，一方面要提出我们以何种标准评估媒体的实践形式的问题；另一方面，则要确定媒体实践形式的原则与我们日常行为所依据的普世伦理之间的关系。库尔德里引据的是新亚里士多德的道德伦理。后者会为一个全球化的媒体伦理提供基础，并可能对关于媒体作用的大辩论做出实质性贡献。每个人都将可以参加和投入这场辩论。

金惠敏继续深入地批评了与全球化讨论相关的，对文化帝国主义、全球化以及世界主义的批评的社会学范式，这是一个包含在关于现代性和后现代性论争中的话题。他主张对全球化采取一种哲学观察方式，那就会看到，现代性和后现代性是在一种有力的交互作用中彼此交错的。这种交替作用在斯图亚特·霍尔关于现代性与后现代性混杂的研究中已经明确表达过了。金认为，全球化总是同时是现代和后现代的。他主张一种全球性对话,从而既超越宇宙主义(世界主义),也超越整体论(全球地方化)。

最后,迈克·费瑟斯通借助对中国和日本的文化发展的分析,对现代性和文化的关系提出了质疑。他指出,关于中国和其他亚洲国家首先被它们的传统所掣肘而再生产传统,而西方则借助它们的文化充满活力,富于建设性,并使原型现代化这一社会学论断不再成立。一直到19世纪,中国和欧洲之间都有很多相似:不仅在中国,同时在日本,和西方一样,都在形成一种消费文化。以日本的江户时代(1603—1868)为例,费瑟斯通证明,彼时一种受平民化的社交礼仪和交际活动影响形成的文化审美领域(比如文学和艺术界)已经形成。他以此反对于尔根·哈贝马斯所描述的、在论辩和民主基础上所建立的公共领域之说,认为将这样两种形式结合,或许可以有效地伸展那种诞生一种全球化的公共领域的潜势。

作为结尾,斯图亚特·霍尔、赛加姆·阿塞索夫和我讨论了文化研究的过去和未来。我们首先讨论了伯明翰当代文化研究中心那时关于劳动的社会学视角。之后,斯图亚特·霍尔解释了他目前对艺术和移民以及散居的教徒(教会)之关系的兴趣所在,以及对现代性和全球化的关系的思考。

作者简介:赖纳·温特,奥地利克拉根福特大学(Universität Klagenfurt),教授,代表作:《网上的抵抗》(2009)、《执拗的艺术》(2001)、《生产性受众》(1995)等。
杨慧:北京电影学院,副教授,代表作:《在女性寻找自我的途中》(德文版),法兰克福:Petes Lang 出版社,2003 年。

# 一位启蒙主义者的德意志文学史观

——读海因茨·史腊斐《德意志文学简史》[①]

## 胡 蔚

**内容摘要**：文学史的体例选择牵涉到史家的眼光、学养、趣味、功力，以及背后的文化立场。海因茨·史腊斐（Heinz Schlaffer）的《德意志文学简史》2002年出版后在德国学界引发争议，被称为一个"超出学术研究范畴"的公共事件。本文认为，史腊斐文学评论家的角色定位和启蒙主义情怀决定了他站在读者的立场上，以"审美"为标准，审定经典、甄别高下，旨在描述当代德国人的文学记忆，厘清德意志文学发展的主要脉络，勾勒出德意志文学的基本特征。史腊斐对基督教文化与德意志文学关系的梳理作为隐藏的红线贯穿全书，也是书中最为出彩的部分。

**关键词**：《德意志文学简史》，海因茨·史腊斐，基督教文化与德意志文学

2002年，德国著名的汉瑟出版社出版了一本薄薄的小书《德意志文学简史》，短短十余年时间，这本书已八次再版，译成六种语言。一部文学史畅销到如此程度，即便是在热爱阅读的德国，也属罕见，而更耐人寻味的是，这本仅有160页的书问世后，竟如一鸟入林，引发德国学界一场激烈的争论。发表于各大报纸杂志的书评有百余次之多，评论者形成泾渭分明的两派，热烈褒奖者有之，愤怒抨击者也大有人在。《南德意志报》如此评价这本书的意义："什么时候见

---

[①] Heinz Schlaffer, *Die kurze Geschichte der deutschen Literatur*. München: Hanser Verlag, 2002. 中译本：海因茨·史腊斐著，胡蔚译：《德意志文学简史》，北京：北京大学出版社，2013年。

过文学史可以这样写:博学通识,线索清晰,兼具文辞优雅?又有哪个人会在功成名就之后站出来向自己的专业提出挑战?……这部书的出现是一个公共事件,它的影响超出了学术研究的范畴。"

这本书的作者海因茨·史腊斐是德国当代著名文学评论家,1939年出生于德国中部的弗兰肯地区。上世纪68学生运动期间,史腊斐在联邦德国左派大本营"红色"马堡大学求学和任教,是当时崭露头角的左派学者。他的研究不仅关注文学作品产生的文化和历史维度,又继承了德国文学文字考据和审美研究的传统,这一特点在他早年的著作《现实主义抒情诗研究》(1966)、《作为英雄的市民》(1973),以及他与夫人、同为文学教授和作家的哈内洛蕾·史腊斐(Hannelore Schlaffer)合著的《审美历史研究》(1975)中已经非常清晰。而他的教授职位论文以德国情色文学为题,梳理其诗学发展史,在风气保守的学界又显现出特立独行之姿。因为不满马堡大学意识形态为纲的浓厚政治氛围,史腊斐于1975年起前往斯图加特大学德文系执教,直至2004年退休。他在斯图加特大学期间的重要著作有《〈浮士德〉第二部:十九世纪的譬喻》(1989)和《文学与知识:论美学的形成和语文学认识的产生》(1990)。退休以后,他笔耕不辍,接连在汉瑟出版社出版了《解缚了的文字:尼采的文字风格及其对后世的影响》(2007)、《神灵之语:诗歌的目的和方式》(2012),其中保留了惯有的文学社会学的视角,以及对于文本体贴入微的审美体悟,同时在宏观历史层面上关心审美结构的历史形成、文学知识的产生和传承。不管研究对象如何繁复多变,史腊斐始终关注的是文学的审美,而著述的动机却离不开他的启蒙主义情怀,他在《文学与知识》一书中强调:"美的魅力"是"人类自我展示"的显现,它是"内在的、无目的的,使人激动却不会带来恐惧","只有当仪式和迷信退出,美才能避免成为模仿和蛊惑的手段"[①]。

史腊斐多年治学养成的文字感受能力以及尖锐大胆、富有洞见的论断,使他的学术论述呈现出一种生气勃勃、元气淋漓之象,往往一出版便成为评论界和读者瞩目的对象。2008年,他获得了柏林国家艺术学院颁发的亨利希·曼评论

---

[①] Heinz Schlaffer: *Poesie und Wissen*. Erweiterte Ausgabe. Frankfurt am Main: Suhrkamp Verlag, 1990, S. 272.

奖,2012年再度获得德意志语言文学院授予的代表德语文学评论最高水准的默尔克文学评论奖,授奖词称其为"语文学家与文学评论家双位一体,严谨与犀利的统一"。

在德语学界传统中,语文学(Philologie)与文学评论(Literaturkritik)同以文学为研究对象,却分属不同的领域。语文学是学院中研究语言和文学的学术专业,语文学者的任务是辨析字词之义,还原文本的历史原初面目,即所谓辨章学术、考镜源流,讲究的是小心求证、言之有据。文学批评中的"批评"一词,源出于希腊文 κριτική,原义为"分辨、区分",又指"评价的艺术",顾名思义,文学评论家的工作便是臧否文章高下、褒贬人物、确立经典,贵在观点鲜明、文思敏捷。随着时代趣味和文学主张的变化,文学评论也具有确立文学规范,重新审定文学经典的作用。文学评论定位的目标读者群与语文学研究也有所不同,因为面向大众,更讲究文笔趣味和性情,研究论文所要求的科学性和精确性则有所不及。自希腊化时代起便有评论家(Kritikos)与文献学家(Philologos)的对立,但也有人不理会学界与文坛的隔阂,将学者的研究与评论家的视野重叠。

史腊斐便是一个成功的跨界者,他长年为《莱茵汇报》等报纸撰写文学评论,这使他迅速而广泛地获得了公众名声,也避免了书斋学者难免的学究气。他的评论文字尖锐、冷峻、精确、大胆,堪称文学评论中的"包豪斯风格",他自诩为"坚定的启蒙主义者",黑格尔的信徒和马克思历史唯物主义辩证法的实践者,认为文学就是生产力,文学批评便是以文字为武器进行驱魅和启蒙,批评的存在是市民社会健康发展的前提,他引用恩斯特·恽格尔表示自己的批判立场:"所有的诗歌都是对时代的反抗"。

史腊斐最畅销、引发争议最多的作品便是《德意志文学简史》。这本小书之所以触动了学院派的神经,是因为史腊斐将批评的矛头指向了自己所在的日耳曼学专业,且一针见血、百无禁忌,且看他"犯忌"的言论:"德意志文学从公元8世纪起发展到今天的历史不过是文学史家虚构的文学传统";"德意志文学有连续性和影响力的传统不过250年";"中世纪和近代早期的德语文献,与其说是德意志文学传统的一部分,不如说是游离于德意志文学传统主体之外的某种外国文学";中世纪德语文学早已被人遗忘,且多为宫廷文人对法国文学的模仿,并非所谓德意志文学传统的发端;近代早期的巴洛克文学不过是迟到的文艺复兴;1950 年以后的德国文学充满着道德说教,远离了"自由的审美创作"。种种"离经叛道"的论断,无怪乎招来非议,尤其是日耳曼学界的同行更是反应激烈,有人指责史腊斐观点肤浅鲁莽,迎合读者的趣味,无视学界的共识,但也有人认为这本书触到了日耳曼学的软肋,是一次触及灵魂的自我审查,所谓爱之愈深、责之愈切。

若是抛开门户之见,就会发现史腊斐并非某些人口中的颠顸之徒,正是凭借对史实的熟稔和通透的认识,他有能力在德意志文学的历史中腾挪跳跃、身手敏捷地破除陈见,做到"通百家之变,成一家之言"。史腊斐似乎预料到误读的不可避免,他在全书末章以"文学的历史"为题阐明其文学史观,概括来说有两条:第一,文学史研究的对象是留存于后世记忆中的文学经典;第二,审美原则虽然主观,却依然是决定文学经典的标准,而本书便是"在德意志历史的全景中呈现审美实践竞争和创新"。

史腊斐评论家的角色定位和的启蒙主义情怀决定了他站在了读者的立场上。因而,是读者的文学记忆,而不是学界的研究视野,决定了他的文学史观。例如,有学者用历史文献史取代文学史,列出几百位诗人,来反驳关于近代早期德国文学"质量不高,不值得系统研究"的偏见,史腊斐强硬地回敬:"偏见往往是被人多次证实的判断",纠正"偏见"毫无意义,有意义的是探究"偏见"产生的历史背景与文化语境。学术研究与大众趣味从来就难以调和,学术研究无须以读者的阅读趣味为指南,文学评论却被认为有甄别高下、做出判断的义务。

文学史的体例,不仅仅是章节安排等技术问题,还"牵涉到史家的眼光、学养、趣味、功力,以及背后的文化立场等,不能等闲视之"[①]。清代章学诚在《文史通义》论及史家著述,称记注之书"体有一定",撰述之书"例不拘常",前者"言必有据",后者讲究"决断去取,各自成家"。在具体文学史写作中,如何协调史料和史论的关系,是对于史家学问与功力的考量。冯友兰认为良史必有三长:才、

---

① 陈平原:"史识、体例与趣味:文学史编写断想",载于《南京师大学报》(社会科学版)2007 年 5 月第 3 期,第 114 页。

学、识。"学者,史料精熟也;识者,选材精当也;才者,文笔精妙也。"而简史囿于篇幅,往往不易展其学,"但其才其识,较之学术巨著尤为需要",他在《中国哲学简史》中将撰写"小史"比作画图:"小景之中,形神自足。非全史在胸,曷克臻此。唯其如是,读其书者,乃觉择焉虽精而语焉犹详也。"史腊斐想要描摹的是一幅凸显德意志文学史精神气质的写意画,以呈现出德意志文学史隐秘的深层结构。他在序言里指出 Die kurze Geschichte der deutschen Literatur 中的"kurz"有两层用意:第一,在体例上,"仅选取社会史、教育史、思想史上对德意志文学产生过深远影响的时段";"第二,在内容上,仅关注留存于后世文学记忆中的文学,而这样的历史阶段在德意志文学史上寥寥可数,且须臾即逝。"也就是说,本书无意成为事无巨细、面面俱到的史料汇编,没有作家生平介绍,甚至也不重视文学史分期,而是旨在描述当代德国人的文学记忆,厘清德意志文学发展的主要脉络,勾勒出德意志文学的基本特征。

在史腊斐眼中,德意志文学的历史的开端是"失败"的,与英法意欧洲邻国不同,由于德语语言发展的断裂和长年宗教战争、诸侯割据,从中世纪、巴洛克直至启蒙运动早期的德语文学没有形成对后世文学发生影响的经典。18世纪下半叶,德意志文学方才迎来了迟到的黄金时代,并延续至19世纪30年代,歌德的去世标志着它的终结,这个时期德意志文学取得的世界性成就与莱辛、赫尔德、歌德、席勒的名字联系在一起。19世纪是德意志古典浪漫时期作家的经典化时期,在文学上没有取得新的突破。到1900年前后,格奥尔格、托马斯·曼、霍夫曼斯塔尔和卡夫卡等现代主义作家登场,他们的出现意味着古典浪漫时期文学审美传统的复兴。此刻,德语文学版图发生了地理位移,新教地区的作家逐渐丧失影响力,南德地区和奥地利的天主教徒和犹太人占据了文坛的主导。而德意志文学史上的两次高峰的出现都有着相似的外在条件:即原有基督教传统的世俗化、文学审美自律成为文坛共识,以及整个市民社会对文学艺术的虔诚。两者不同之处在于,在黄金时代作家尚且可以信仰和言说文学的不朽,进入现代后的作家必须面对世界旧有秩序的崩塌和语言的无力。而二战以后的德国文学因为受到"政治正确"律令的制约,文学缺乏审美创造的自由,除了陈陈相因的政治布道外乏善可陈,随着大众媒体的兴起,经典文学鲜有人阅读。如同预言

"德意志精神的终结"和西方文明衰落的施宾格勒,历史悲观主义的史腊斐为经历了"萌芽、高潮、复兴、衰落"的德意志文学宣判了死刑:"德意志文学在它最好的时代里预言的文学不朽被证明是个幻影,它的历史是短暂的"。当代德语文学尚在进行中,它的经典化固然需要时间的过滤,下断论为时过早,然而史腊斐充满感伤情绪的判断却代表了一种批评的声音,催人反省。

要为"德意志文学史"写意,离不开对于德意志文学民族性的追问,也就是说除了德语之外,是否存在某种"德意志性",可以将德意志文学与其他民族文学区分开来。二战后,"德意志民族性"问题成为整个德国社会的禁区,外国学者对此还能心无芥蒂,德国学界却往往避而不谈,或者只有在顾左右而言他时,才能曲折地诉说自我。《德意志文学简史》开篇便以"德意志"为引言标题,直截了当地告诉读者:"德意志文学与基督教,尤其是与神秘主义、新教和虔敬运动之间漫长而又紧密的关系"便是德意志文学内在统一性所在,决定了德意志文学的发展脉络和内在特质,史腊斐对基督教文化与德意志文学关系的脉络梳理作为全书隐藏的红线贯穿始终,也是书中最为出彩的部分。

在中世纪宫廷文学中,史腊斐发现了贵族骑士傲慢和享乐生活观与基督徒虔诚严肃生活观的对峙,这时,德意志文学中的宗教倾向便已经露出端倪。宗教改革后,路德版《圣经》的广泛传播为德语文字语言的统一奠定了基础。在18世纪一章中,史腊斐以三个分章"牧师之子——缪斯之子""新的语言""文学不朽",浓墨重彩地描绘出宗教对于德意志文学在三个层面上的影响:新教牧师家庭成为了德语经典文学诞生的摇篮,从莱辛到施莱格尔兄弟都是牧师之子。18世纪,虔敬运动加快了基督教理念的世俗化过程,注重内心感受、充满寓言和喻象的宗教语言进入文学作品,德语文学开始迅猛发展,这一上升过程最终以审美艺术获得独立和自律为终结。德意志文学深沉、思辨、内向、真挚、善感的风格特征得益于此,又与中古神秘主义一脉相承,神秘主义意象和词汇增强、丰富了德语诗歌对于灵魂世界的表现力,如"水"的喻象象征上帝之灵与人的灵魂水乳交融,频繁出现在18世纪的文学中。

史腊斐的一个核心观点是:启蒙以后,文学摆脱了附庸宫廷、教廷和学院的处境,这时,宗教的文学潜力才能真正释放出来,文学成为"隐匿的宗教"。而文学与哲学结盟,获得了形而上的维度,无论在语言喻象和思维模式上都无法摆脱新教文化的烙印,具有教化、美化、神化的倾向,例如"为有思想的头脑准备"的德语修养小说中浓厚的道德说教和哲学思辨特征。为了维护来之不易的文学自律,当时的诗人学者并不愿正视基督教在文学中的在场,但德意志文学脱胎于基督教的历史不容否认①。自诩为"启蒙原教旨主义者"的史腊斐不忘表明自己的无神论立场:"我们可以为果实欢呼,却不必对树根顶礼膜拜",歌德是他依据的榜样。

值得注意的是,启蒙主义者史腊斐并不认同某些文学史述中,将"启蒙"与"情感"对立起来。他指出学界将18世纪冠以"启蒙"之名,是20世纪60年代后德国社会摆脱所谓"德意志特殊道路",重新融入欧洲的策略,而事实上18世纪也是"情感"被发现,民族意识开始形成的时期。史腊斐认为18世纪是理性与情感的世纪,因为"理性"与"情感"的发展同样要求个体的成熟和独立判断。

史腊斐的文学史论述不乏精彩的断语,让人印象深刻。比如他认定15世纪愚人小说是后世艺术家小说的先驱,愚人—艺术家形象是德语文学对于"世界文学角色库"所做出的唯一贡献。中世纪时期代表道德败坏的愚人形象在巴洛克小说《痴儿西木传》中开始发生了角色定位的转变,逐渐成为不谙世事、特立独行的人物象征,并有了维特、浮士德、阿德里安·莱维屈恩等鼎鼎大名的后裔,艺术家(学者)形象成为了德国人理想中的自我。中译本的封面雕像源出于德国19世纪下半叶比德迈耶时期画家卡尔·斯皮茨威戈(Carl Spitzweg)的名画《书虫》(*Bücherwurm*,又名《图书管理员》),书虫先生踩着高高的梯子,站姿奇特,他的左、右手各持一本展开的书,胳膊下和两膝间还分别夹着一本书。他把头深深埋入书中,显然已经完全沉迷其中,忘记自己身处何处。原画的背景是藏书室,装满书籍的书架耸入穹顶,上方高悬一块"Metaphysik"(形而上学)的匾

---

① 上世纪50年代,Herbert Schöffler 从文学社会史的角度,Albrecht Schöne 从文学审美和语言批评的角度就18世纪路德宗教改革对于德语文学的影响进行了扎实深入的考察。国内相关研究成果参见谷裕:《隐匿的神学——启蒙前后的德语文学》,上海:华东师范大学出版社,2008年。其中以启蒙以后至19世纪末的六位作家歌德、莫里茨、瓦肯罗德、诺瓦利斯、冯塔纳、伊默曼的经典作品为例,深入探讨了路德宗教改革及其世俗化与启蒙时期德语文学的有机互动关系。

额。"书虫"先生不正是那沉迷于精神世界,却又不乏自嘲精神的德国人的绝妙画像?

作者简介:胡蔚,北京大学外国语学院德语系,副教授,代表代:《寻找失去的世界:流亡自传文学中的文化学和诗学建构》(德文版),法兰克福:Peter Lang 出版社,2006年。

# 突破启蒙的界限

## ——G.H.舒巴特的《自然科学的夜的一面》(1808)

王一力

**内容摘要**：本文旨在介绍德国18世纪早期的医生兼自然科学家舒巴特，重点评述他早期的重要著作《自然科学的夜的一面》，把这部作品置于当时的时代背景下，考察此书与启蒙运动和浪漫文学的关系，最后探讨舒巴特的作品对我们理解18世纪初的思想状态和反思当下诸多问题可能具有的参照意义。

**关键词**：G.H.舒巴特　浪漫自然科学　浪漫文学　启蒙运动　夜的一面

"浪漫"与"科学"在今天看来似乎是两个互不相容的概念。但在科学史上，"浪漫科学"确实存在，是和基于经验的、实证主义科学相反的另一种潮流。广义上看，浪漫科学从古至今一直都没有消失，所有偏向用思辨（Spekulation）而不是经验（Erfahrung）把握现实的科学家都可以归入这一类别。他们的共同特点是渴望探索更高的关于真理的启示，发现物质世界和精神世界的隐秘联系，借助思辨把握世界的本源。① 狭义上讲，浪漫的自然科学（romantische Naturwissenschaft）特指于1800年前后到19世纪中期的一个阶段，主要局限于德语地区，以18世纪末梅斯梅尔提出的动物磁力学为先导，深受谢林的自然哲学影响，与当

---

① Paul Diepgen: *Alte und neue Romantik in der Medizin*. Nach einem in der Berliner Medizinischen Gesellschaft am 4. November 1939 gehaltenen Vortrag.

时的文学艺术、政治同步发展并存在密切互动。①

舒巴特（Gotthilf Heinrich von Schubert,1780—1860）是浪漫科学兴盛时期的中心人物，当时影响最大的医生、自然科学家之一。他出生于霍恩施泰因的一个虔诚的牧师家庭，17岁转入魏玛人文中学读书。魏玛是当时德语地区的文化中心，科学和艺术领域的许多重要人物都云集于此，其中对舒巴特影响最大的是赫尔德。赫尔德当时出任魏玛人文中学校长，很快注意到了富有天赋、勤奋的舒巴特，把他领入自己的家庭聚会，单独给舒巴特和自己的儿子授课。通过赫尔德的介绍，舒巴特在魏玛还认识了作家让·保尔。1799年在魏玛中学毕业后，舒巴特听从父亲的意愿到莱比锡大学学习神学，但他对神学并不热心，后转入耶拿大学学习医学。在耶拿，舒巴特认识了物理学家里特（Ritter）和哲学家谢林。谢林关于自然哲学的课程在舒巴特心中留下了如此深刻的印迹，以至于确定了舒巴特终生的研究方向，即试图为谢林的理论在自然科学领域中找到证明。1803年舒巴特获得医学博士学位。他怀着极大的热情关注了亚历山大·洪堡的考察旅行，曾一度准备亲自赴南非考察，由于认识了他日后的妻子亨丽埃特·马丁放弃了这一打算。舒巴特开始了短暂不成功的行医生涯，期间他接触并亲自尝试用催眠术（动物磁力学）治疗病人。由于经济拮据，舒巴特为赚取稿费，创作了他唯一的一部文学作品——《教会与众神》（*Die Kirche und die Götter*, 1804）。舒巴特渴望研究"普遍的自然科学"，不满足于当一名医生。为了达成这一目的，他到弗莱贝格聆听维尔纳（Abraham Gottlob Werner,1749—1817）讲授矿物学和地球结构学。维尔纳是当时德国最有名望的科学家之一，诺瓦利斯曾是他的学生。1806年，舒巴特来到德累斯顿，进入当地受浪漫派影响的文化圈中，结识了亚当·穆勒、卡斯帕尔·大卫·弗里德里希和克莱斯特。1809年舒巴特出任新成立的纽伦堡中学校长，1816年获得埃尔朗根大学教席，1827年转入慕尼黑大学，

---

① 参照 Werner Milch: *Romantische Medzin. Ihre Probleme und ihr Problem. Aus: Zeitschrift für philosophische Forschung*. Bd.4, H.1, 1949, S.119-122.

教授普遍自然史。1860 年在慕尼黑逝世。①

舒巴特几乎与同时代不同领域的重要人物都有过往来。其中对他早年的发展产生重要影响的三个导师是赫尔德、谢林、维尔纳。② 他的自然科学著作中带有虔诚的宗教印迹和自然哲学的思辨。舒巴特一生著述颇丰，其中较重要的三部作品为《自然科学的夜的一面》(Ansichten von der Nachtseite der Naturwisschenschaft, 1808)、《梦的象征意义》(Die Symbolik des Traumes, 1814) 和《精神的历史》(Die Geschichte der Seele, 1830)。第一部作品《自然科学的夜的一面》由舒巴特在德累斯顿期间的讲座手稿整理而成。1807 至 1808 年的冬季，舒巴特应伯蒂格 (Böttiger) 邀请，和亚当·穆勒一同给有教养的上层社会听众开设讲座，两人的讲座面对的是同样的听众，并且在内容上互为补充，即穆勒的讲座是关于国家中的生活，而舒巴特讲述自然的生活。③ 舒巴特的讲座大受欢迎，很快有书商找到他出版讲座手稿，作品刚出版便引起了同时代人的热烈关注，舒巴特一举成名，由此奠定了他在自然科学领域的声誉。至 1840 年这部作品共出版了四次。

为何这部书会如此吸引当时有教养的德国人？一方面是由于舒巴特此时已经拥有丰富的知识储备，掌握科学领域的最新发现和理论，更重要的原因是书中讨论的内容。

> 我们将讨论自然科学的夜的一面，这一领域常常受到忽视。我们将像对待其他受到普遍认可的事物一样，以同样严肃认真的态度去研究这一通常被人称作**奇迹信仰**(Wunderglaube) 的领域。

以上是舒巴特在前言中阐述本书的主题，但究竟"夜的一面"指的是什么领

---

① 参照 G. H. v. Schubert: *Der Erwerb aus einem vergangenen und die Ermartungen von einem zukünftigen Leben: eine Selbstbiographie*. Erlangen, 1854-1856.
Andreas Eichler: *G. H. Schubert-ein anderer Humboldt*. Niederfrohna, 2010.
Alice Rössler (Hg.): *Gotthilf Heinrich Schubert. Gedenkschrift zum 200. Geburtstag des romantischen Naturforschers*. Erlangen, 1980.
② Johann Andreas Wagner: *Denkrede auf Gotthilf Heinrich von Schubert*. München, 1861, S. 11.
③ 参照 G. H. v. Schubert: *Der Erwerb aus einem vergangenen und die Ermartungen von einem zukünftigen Leben: eine Selbstbiographie II*. Erlangen, 1855, S. 229.
Frederick Gregory: *Gotthilf Heinrich Schubert and the dark side of natural science*. NTM: International Journal of History & Ethics of Natural Sciences, Technology & Medicine, December 1995, Volume 3, Issue 1, S. 255-269.

域?实际上,我们很难找到明确的回答,书中所涉及的内容也大大超越了"迷信"的范围,几乎涉及了自然界的全部领域以及从人类原始状态到最新的科学发现。这里只能简单勾勒出舒巴特的几个重要观点。书中首先探讨人类和自然最原初的关系,人类最古老的文化。他认为人类的祖先绝不是原始粗野的,人类的历史开始于一个完满的状态,类似于黄金时代和伊甸园。为证明这一观点,舒巴特写道:"只要看一眼所有高尚民族的神圣的传说(heilige Sage),里面蕴含着深刻、不朽的观点,好像它们要交给我们通往超常智慧的钥匙[……]"①。同样,越古老的宗教,其中的思想便越纯净、高贵;语言的发展是由完美的、富有韵律的诗歌形式退化成现代的散文,词语在古代还拥有神奇的魔力(咒语),到现代变成无力的说教、布道;科学在古代更类似于一种自然崇拜或宗教学说,是追求人类更高精神启示的学科,到近代逐渐堕落,更多地关注外在的现实生计问题。按照启蒙的观点,人类历史是从粗野的状态逐步发展进入更高的文明阶段,而舒巴特的历史观与启蒙的历史观恰恰相反。

接下来舒巴特带领读者进入"无边无际的宇宙空间漫游"②。自然界分为无生命的世界和有生命的世界,一切都处于一种普遍联系之中,"所有低等级的运动都由更高等级决定,海洋因空气而动,空气和海洋又因日、月而动,而地球上的万物都受星辰的力量控制。"③舒巴特更关注的是有生命的世界,有机的世界分为植物、动物、人类三个阶段。如同只有声音才能引起回声,舒巴特认为"精神只能产生于精神,灵魂只能出自灵魂"④,即有生命的世界绝不可能产生自无生命的物质。那么最初的生命迹象来自哪里?舒巴特用充满诗意的譬喻回答这个问题:"那显然是来自高处永恒精神世界的闪电,它的光照穿透了尘世的一切肉体,直至其最偏远的深处;千百盏灯光和蜡烛被点燃了,那给每一处都带来相同光辉的闪电却消失了;从此,仅在有限范围内有少量蜡火的光照,要产生新的火苗,就要依靠已经燃烧的蜡烛点亮;但如果没有来自上方的闪电,烛心将永远无

---

① Gotthilf Heinrich von Schubert: *Ansichten von der Nachtseite der Naturwissenschaft*. Dresden, 1808, S. 16.
② Ebd. ,S. 63.
③ Ebd. ,S. 64.
④ Ebd. ,S. 115.

法自己产生火苗。"①

舒巴特认为有生命的事物内都有"灵魂",只是发展的程度不同。"如果植物不是**有灵**的,那么它就不会成为有机体,无法产生出新的同种类植物;在它内部如果没有掌控一切、存在于一般的法则和化学规律之上的**某种事物**,那么它就无法把水变成酒。"②处于不同等级的生物之间存在普遍联系。最不完满的动物是珊瑚类的海洋生物,它们有部分动物属性和部分植物属性。在一些植物身上,也可以观察到动物的敏感性,如含羞草,而在植物生长的一些特定时刻,尤其是在花开最旺盛的时刻展现出动物的感受刺激能力,这些自然现象都蕴含深义,是植物通往更高一个发展阶段——即通往动物阶段的预兆(Vorahnung)。同样,整个动物世界也向往着下一个更高的境界——人类世界。"正是在那些生物个体看似无用、多余的器官上,隐藏着自然造化的深意。"③例如乌贼体内中间的骨头,是从软体动物进化到脊椎动物的预兆;很多两栖类动物既有鳃也有不发达的肺部,也体现向更高阶段过渡的努力;鸭嘴兽身上也体现了水禽到哺乳类动物过渡的痕迹。"在这些生物身上,似乎存在两种不同的、对立的属性:当下的存在,已经完全实现、表达了它的全部努力,和另外一种时而明显、时而隐蔽的追求,它在此世无法实现,也许在未来会得到满足。"④

舒巴特在这本书中最后的任务就是证明,在人类当下的、不完满的状态中,同样隐含着对将来更高存在的预兆。"诗歌和艺术理想代表的更高领域,以及特别是宗教的世界永远不会完全属于世俗的存在,它们包含各种元素的混合体与尘世相对抗。我们还会偶然在某些时刻观察到,往往是以一种暴力的方式,在我们身上闪现出一种深刻的力量,这种力量在精神的广度上远远超出了我们现在的能力,但在日常生活中要保有这种能力是不可能的。"⑤因为人在通常状态下,如同饥饿的飞鸟,不会看向天空,只瞄准地面上的食物。我们精神的全部注

---

① Gotthilf Heinrich von Schubert: *Ansichten von der Nachtseite der Naturwissenschaft*. Dresden,1808, S. 115.
② Ebd.,S. 130.
③ Ebd.,S. 187.
④ Ebd.,S. 188.
⑤ Ebd.,S. 182.

意力和渴望也都倾注在世俗和肉体的生活,只关注外在的和已经成形的事物,因此无法感受到来自更高的、精神世界的启示。接下来舒巴特列举了两类状态,在这些情况下,人的灵魂能够直接感受到精神、神性的世界,显示出超常的能力。第一类状态包括:神性的启示或称为先知的状态,诗意的、艺术的启示,肉体的、直觉的启示。相应的第二类是:女巫的或魔性的启示,奇异的或磁力的启示,最后是酒或药物的影响。二者的区别是,前一种类别中的力量是来自生命本源的、真实的、高等级的源泉,后者则借助他者和外力。①

最后,舒巴特选取了其中最受当时人们关注的现象——动物磁力学进行详细论述。"灵魂进入更高、内在领域的方式,就如同在死亡的过程中脱下肉体的外衣。所谓的动物磁力学是依靠外来身体力量的作用,用磁力吸引病人的身体,使它在一定程度上脱离自己的灵魂,这样灵魂就如同在睡梦中或在死亡状态下摆脱自己身体的束缚。"②以上就是动物磁力学发挥作用的"基本原理",舒巴特认为尽管这些现象中充满"假象"和"欺骗",但仍然具有重要意义,因为它为我们了解灵魂的内在领域提供了线索和通道。舒巴特援引了 Gmelin 和 Heineken 记录的病例。在催眠状态下"病人能够以明晰、活跃的理智回答一切面对的问题,这种能力(在清醒状态下)却从未被发现。[……]病人在一切方面都变得更加机智、更有见解,即便是资质十分平庸的人在这种状态下也会表现出超越常人的力量。"更为神奇的是,被催眠的病人的一切感官都变得更加灵敏,能够在双眼紧闭的情况下"看"到周围的物体,能预言自己病情的变化并为自己开处方,有些人能看到自身内脏的结构,但在醒来时,病人会完全忘记在催眠状态中发生的一切。③

至此可以看出,"自然科学的夜的一面"包含多重含义,它包括被遗忘的古代人类的黄金时代,自然中不同生物的隐秘联系,人的极端、反常状态以及与之相关的其他现象,即一切被启蒙遗忘、误解、错估的对象。舒巴特在前言和结语

---

① Gotthilf Heinrich von Schubert: *Ansichten von der Nachtseite der Naturwissenschaft.* Dresden, 1808, S. 198-199.
② Ebd., S. 201.
③ Ebd., S. 207-211.

中反复强调了研究这些奇特现象的最终目的,不是为了对之进行辩护或正名,而是要借此"认识到,在当下、不完满的存在中含有未来、更高世界的影响;同时感受到,在我们本质深处沉睡着新生命的萌芽,在一些特定时刻会凸显。[……]把自然和我们的灵魂都看做活生生的、和谐联系的整体,揭示一切生命和存在的同一个根基、同一条法则和统一普遍的历史。"①

舒巴特不是某一特定领域的专家,没有以实验的方式获得新发现,甚至书中的内容也缺乏原创性。但毫无疑问舒巴特是浪漫自然研究的中心人物之一②,他主要扮演了传播者和普及者的角色,他传播的理论和观点代表了很多人的普遍心态,甚至成为当时最大的时尚。以舒巴特为代表的浪漫科学家的理论中,蕴含着明显的宗教和哲学印迹。维尔纳·米尔希认为浪漫医学最大的问题正在于此,即浪漫医生不仅要治疗病症,还要寻找治疗的普遍原则,进入到形而上的思辨领域,成为一种哲学。③ 实际上,浪漫科学也不是纯然的思辨。舒巴特的挚友、浪漫物理学家里特(Johann Wilhelm Ritter)曾在信中写到,要把"最严密的实证和最纯净的思辨"④结合起来。舒巴特也主张对超自然现象进行更加严密的审视和观察,防止漫无边际的虚构幻想。因此尽管浪漫科学家们反对僵化的、仅局限于外部世界的科学,认为我们周遭充满看不见的神奇力量,但他们并不是站在神秘主义的立场。浪漫科学不等同于炼金术或魔法,而实际上恰恰延续了启蒙的理想和追求,希望获得自然法则的钥匙。舒巴特关注"自然科学的夜的一面",是希望"为我们理解自然科学的其他领域提供独特的灵感之光"⑤。施莱格尔对启蒙的批判也不在于启蒙的初衷,而是针对它的不彻底性,启蒙"也提倡探索和怀疑精神,但只达到一定界限,超越这一限度被认为是精神的失常和愚蠢,

---

① Gotthilf Heinrich von Schubert: *Ansichten von der Nachtseite der Naturwissenschaft*. Dresden, 1808, S. 14.
② 参照 Alice Rössler (Hg.): *Gotthilf Heinrich Schubert. Gedenkschrift zum 200. Geburtstag des romantischen Naturforschers*. Erlangen, 1980.
③ Werner Milche: *Romantische Medizin. Ihre Probleme und ihr Problem*. In: *Zeitschrift fuer philosophische Forschung*, Bd. 4, H. 1, 1949, S. 119-122.
④ Friedrich Klemm, Armin Hermann (Hrg.): *Briefe eines romantischen Physikers. Johann Wilhelm Ritter an Gotthilf Heinrich Schubert und an Karl von Hardenberg*. Munich, 1966.
⑤ Gotthilf Heinrich von Schubert: *Ansichten von der Nachtseite der Naturwissenschaft*. Dresden, 1808, S. 2.

必须要加以控制。[……]启蒙在一切事物上都只停留在半山腰,但真理只有依靠无限度、无保留的追求才能够获得,否则他们所追求的便不是真理,而只是实用性和适应性。"① 问题的复杂性在于,启蒙无法承担这一重任,一旦启蒙转而追求"更高的知识""更高的理性",就掺入了其他与之对立的思潮。② 浪漫自然科学把自己看做是"真正的、更高的科学",是在继承启蒙理想的同时突破了启蒙划定的界限,在这里体现了两种不同潮流的交汇,即过了头的启蒙理性主义和浪漫的思辨。

从现代的视角看这本书,很多内容令我们感到奇异难信、陌生费解,与其说是科学理论,更像是浪漫的倾诉和虚构,但这部两百年前风靡一时的科学著作在诸多方面仍然不乏重要意义。首先一个直接、明显的意义在于,舒巴特是最早在德国传播催眠术、动物磁力学理论的科学家之一,为当时的浪漫作家提供了可供发挥、想象的材料,引领他们进入奇异的超自然领域。克莱斯特、霍夫曼等人的作品中就隐藏了很多浪漫科学的理论。《自然科学的夜的一面》是霍夫曼小说中最常引用的作品。作为文学的催眠师,霍夫曼为浪漫科学理论穿上了文学的外衣。③ 浪漫科学吸引霍夫曼之处在于,它介于经验事实和梦幻猜想之间,霍夫曼本人的作品也浮动在现实和奇异两个层面,浪漫科学与浪漫文学是同一种精神诉求的产物。了解当时的自然科学理论,可以帮助我们摆脱长期以来对浪漫文学的误读,即把其看做是病态的梦幻、荒诞不稽的想象。而事实上,很多浪漫作家对当时的科学理论有深入系统的了解,不仅将其融入创作,还以文学的方式对之进行严肃的反思。

其次,这本书为我们理解1800年前后德国有教养阶层的心态提供了重要线索,当时的人们厌倦了冰冷、僵化的理性,渴望进入理性之上的、神秘超自然领

---

① August Wilhelm Schlegel: *Kritik an der Aufklärung*. In: *Die deutsche Literatur in Text und Darstellung. Romantik I*. Stuttgart, 1974.
② 参见 Monika Neugebauer-Wölk: "Höhere Vernunft" und "höheres Wissen" als Leitbegriffe in der esoterischen Gesellschaftsbewegung. Vom Nachleben eines Renaissancekonzepts im Jahrhundert der Aufklärung. In: Monika Neugebauer-Wölk (Hg.): Aufklärung und Esoterik, Hamburg, 1999, S. 170-210.
③ 参照 Jürgen Barkhoff: *Magnetische Fiktionen. Literarisierung des Mesmerismus in der Romantik*. 1995. Friedhelm Auhuber: *In einem fernen dunklen Spiegel. E. T. A Hoffmanns Poetisierung der Medizin*. Opladen, 1986.

域。在今天看来,他们中的大多数人都只是兴致勃勃地陷入了虚构,现代实证主义科学给自己划分了明确的界限,对精神世界及其存在没有能力把握或解释。[①]舒巴特浪漫的科学理论也为我们提供了反思的契机,现代科学是否以奇异难信为借口,抛弃了追问一切事物本源的职责?我们是否因关注测量事物外部,而忽略了理解内在生命这个更重要的问题?爱因斯坦的这段话也可以帮助我们认识到浪漫的形而上的好奇对科学研究乃至人类存在的重要意义:"我们所能感受到最美妙、最深刻的触动,是对神秘、不可思议之物的感知。它是一切真正科学的播种者。如果有人不了解这种触动,不会感到惊奇,再也无法置身于混乱迷惘的敬畏之情中,那么他和已经死去之人亦无分别。"[②]

作者简介:王一力,北京大学外国语学院德语系,博士生,在研题目"德国黑色浪漫文学"。

---

[①] Markus Widenmeyer: *Prinzipielle Grenzen der Naturwissenschaft*. www.wort-und-wissen.de/artikel/a14/a14.pdf. Zugr. a. 08.07.13

[②] Albert Einstein: *Mein Weltbild*. Berlin, 2005. S.7.